河南科技学院 2021 年教学改革项目《基于 CDIO 理念电子商务课程教学改革研究》，项目号：（2021YB10）

河南科技学院 2022 年《电子商务》课程获线上线下混合式一流本科课程，并同时获校级思政样板课程

河南省 2022 年本科高校研究性教学改革研究与实践《基于 CDIO 理念的研究型电子商务课程教学改革研究》，项目号：（2022SYJXLX073）

基于 CDIO 理念
电子商务教学实践与人才改革研究

张联锋　著

U0783248

天津出版传媒集团

天津科学技术出版社

图书在版编目（CIP）数据

基于CDIO理念电子商务教学实践与人才改革研究 /
张联锋著. –– 天津：天津科学技术出版社, 2024.4
ISBN 978–7–5742–1887–1

Ⅰ.①基… Ⅱ.①张… Ⅲ.①电子商务 – 教学研究 –
高等学校 Ⅳ.①F713.36

中国国家版本馆CIP数据核字(2024)第060970号

基于CDIO理念电子商务教学实践与人才改革研究
JIYU CDIO LINIAN DIANZI SHANGWU JIAOXUE SHIJIAN YU RENCAI GAIGE YANJIU

责任编辑：吴　顿
责任印制：兰　毅

出　　版：天津出版传媒集团
　　　　　天津科学技术出版社
地　　址：天津市西康路35号
邮　　编：300051
电　　话：（022）23332377
网　　址：www.tjkjcbs.com.cn
发　　行：新华书店经销
印　　刷：河北万卷印刷有限公司

开本 710×1000　1/16　印张 14.5　字数 215 000
2024年4月第1版第1次印刷
定价：88.00元

 前 言

　　随着计算机和网络技术的发展，电子商务领域展现出了巨大的市场潜力和无尽的商业机会。电子商务作为现代社会经济发展的关键驱动力，得到了人们的普遍关注和认可。

　　在经济全球化和科技进步的双重驱动下，电子商务已经成为现代商业活动中的重要组成部分。从简单的在线交易到复杂的跨境电子商务，该领域经历了深刻的变革。然而，与此种快速的技术和商业模式的发展相比，电子商务的教学和人才培养方式仍然面临着很大的挑战。基于此，笔者进行了基于CDIO 理念电子商务教学实践与人才改革的研究。CDIO（Conceive-Design-Implement-Operate）是一种创新的教育理念，强调了从构思到设计、实施、运作的完整过程。CDIO 理念在工程教育领域已经得到了广泛的应用和认可，但在电子商务教育中的应用还相对较少。

　　本书旨在探讨如何将CDIO 理念融入电子商务教育，以培养出更具创新能力和实践经验的电子商务人才。电子商务概述为读者提供了一个全面的电子商务背景知识，帮助读者更好地理解后续章节中的内容。CDIO 理念概述为读者提供了CDIO 背景知识，使读者对CDIO 理念有所了解。CDIO 理念在电子商务教学中的应用、基于CDIO 理念电子商务教学体系的构建两部分，提出了一系列具体的策略和方法，以帮助读者理解如何将CDIO 理念融入电子商务教学。基于CDIO 理念电子商务教学实践的保障机制，重点探讨了教师培训与专业发展、实验室与实践基地建设以及学校与产业界的合作与交流等内容。基于CDIO 理念电子商务专业创新型人才改革的模式、基于CDIO理念电子商务专业人才改革目标的实现两部分，为读者提供了一系列具体的策略和方法，以帮助培养出具有创新能力和实践经验的电子商务人才。

由于笔者的精力有限，且电子商务涉及的领域广泛，一些内容还在发展，未能完全体现在书中，书中的不足之处在所难免，敬请广大读者批评指正！

目　录

第一章　电子商务概述

第一节　电子商务的基础知识

一、电子商务的产生与发展

（一）电子商务的产生

电子商务产生于 20 世纪 60 年代，并在 20 世纪 90 年代蓬勃发展。其崛起受多方面重要条件推动。

（1）计算机的广泛使用。近几十年来，计算机技术飞速进步，处理速度不断提高，性能不断增强，同时价格逐渐降低，使其普及度大大提升。计算机的广泛应用使企业能够更高效地管理库存、处理交易和提供客户服务，为电子商务的初期成功和迅速发展创造了有利条件。计算机技术的不断演进为电子商务提供了强大支持，使其成了现代商业领域不可或缺的一部分。

（2）互联网的普及与成熟。近几十年来，互联网逐渐演变为全球通信和交易的重要媒介，其覆盖范围和用户数量快速增长，为电子商务创造了极其有利的应用条件。互联网的快捷、安全、低成本特性为电子商务的发展提供了坚实基础，使消费者能够轻松浏览和购买商品，同时为企业提供了全球市场的机会，无论其规模大小。全球化的市场接触为企业提供了前所未有的增长潜力，互联网的稳定性和安全性也增强了在线交易的信任度，使消费者更愿意在网上购物。[①] 因此，互联网的广泛应用和成熟为电子商务的兴起创造了有利环境，推动了其在商业世界中的蓬勃发展。

（3）银行卡的普及与应用。银行卡以其方便、快捷、安全等特点已经成为人们日常消费支付的重要工具。银行卡的广泛应用催生了全球性的银行卡计算机网络支付与结算系统，促进了网上支付的发展。银行卡支付系统为电子商务提供了便捷和安全的支付方式，促进了在线购物的普及。消费者可以在不离家的情况下轻松购物，而卖家也能够接受来自世界各地的付款，这一便捷性为电子商务的迅速发展创造了条件，扩大了市场规模，促进了全球商业的跨境交易。

电子商务的成功离不开多个关键因素的支持。互联网技术是电子商务运营的技术支持，为在线交易提供了基础设施。全球化经济为电子商务提供了市场支持，使其能够遍布全球。知识经济时代的高科技发展和人们思想观念的改变推动了电子商务模式的创新和发展，使其不断演化和壮大。诸多要素相互交织，共同推动了电子商务从概念到全球商业的转变。现在，电子商务已经成为现代商业世界中不可或缺的一部分。

（二）电子商务的发展历程

美国是互联网的发源地，也是电子商务应用最为发达的国家之一。1946年，美国宾夕法尼亚大学研制成了世界上第一台可运行程序的电子计算机。20 世纪 60 年代，美国军方开发了作为保障战时通信的因特网技术，把单个计算机连接起来应用，由此，计算机开始了网络化的进程。1991 年，美国政府解除了禁止私人企业为了商业目的进入因特网的禁令。自 1997 年起，美国政府提出了"网络年"和"电子商务年"的概念，积极推动了中小企业和政府部门等机构的上网，从而加速了电子商务的快速普及。美国的电子商务成功经验为全球范围内的电子商务发展提供了借鉴，其政策支持、技术基础和市场推动，共同构建了一个强大的电子商务生态系统，使其在全球经济中

---

① 张金锁，李跃贞.电子商务 [M].徐州：中国矿业大学出版社，2002：1.

发挥着举足轻重的作用，推动着商业模式和社会生活的不断创新。

电子商务的推广和应用是一个逐步演进的过程，从最初的阶段逐渐发展到更高级、更复杂的阶段，其对社会经济的影响也从表面到深层、从局部到全面逐渐显现。这个演变过程可以用几个关键步骤来描述：电子商务开始于简单的互联网上信息交流和广告发布；此过程逐渐扩展到网上采购、订单处理和支付等更高级别的交易活动；随着技术的不断进步和商业模式的创新，电子商务逐渐渗透到企业的所有业务环节，包括供应链管理、客户关系管理、支付和结算等多个领域；企业实现了全面电子商务化，并且将电子商务融入其日常运营的方方面面。

电子商务的推广和应用呈现出一种由浅入深、逐步完善的趋势，该趋势也在不同的业务领域中得以体现。在电子贸易领域，从最初的电子订单、电子发票、电子合同、电子签名等基础交易方式，逐渐发展到更复杂的电子金融领域，包括网上银行、电子现金、电子钱包、电子资金转账等。在网上证券交易领域，电子委托、电子回执和网上查询等工具逐渐完善。更多地，从在线学习、电子图书馆、网上书店、电子音乐厅，到在线医疗服务、电子社区、虚拟购物中心，互联网和电子商务已经无所不在。

电子商务的兴起是技术、经济和知识在商业领域融合的产物，是商业活动自然演进的必然结果。电子商务的发展可以分为以下几个关键阶段。

1. 第一阶段：电子邮件阶段

电子商务发展的第一阶段可称为电子邮件阶段，起始于20世纪70年代。该阶段的核心特点是电子邮件的广泛应用和快速增长。在该时期，电子邮件作为一种革命性的通信工具，改变了商业界的沟通方式，企业和个人能够以前所未有的速度和效率进行跨地区和跨国界的沟通，这为商业活动提供了便捷性和全球化的前景。同时，电子邮件的普及也为信息传递提供了更加经济、快速和可追踪的方式。此阶段是电子商务发展历程中的一个重要里程碑，标志着数字化时代商业通信的崭新开始，为未来的电子商务模式奠定了坚实的基础。

2. 第二阶段：信息发布阶段

电子商务发展的第二阶段是电子商务的信息发布阶段，该阶段的关键转折点可以追溯到 1995 年。在该时期，以 Web（万维网）技术为代表的信息发布系统迅猛成长，成为当今互联网的主要应用之一。这一阶段的主要特点是信息的广泛发布和共享，为企业提供了转型的机会。Web 技术的发展使企业可以建立在线存在，通过网站向全球观众传递信息。此种转变从传统的"粗放型"营销模式逐渐过渡到更"精准型"的电子商务策略——企业可以更精准地定位受众，提供个性化的服务和产品。通过精细化的市场定位和个性化的服务，企业能够在电子商务领域体现竞争优势。

3. 第三阶段：电子商务阶段

电子商务发展的第三阶段可称为电子商务阶段，该阶段被认为是电子商务发展的划时代时期。该时期的关键特征是互联网成为商业活动的主要媒介，商业信息的传递主要依赖于互联网。1997 年，在加拿大温哥华举行的第五次亚太经合组织领导人非正式会议上，时任美国总统克林顿提出了"共同促进电子商务发展"的倡议，引起了全球首脑的高度关注，标志着电子商务已经跨足国际舞台，成为国际合作的焦点。国际知名的信息技术公司如 IBM（国际商业机器公司）、HP（惠普）等也宣布 1998 年为"电子商务元年"，凸显了电子商务的重要性。企业则开始积极投资于电子商务技术，建立在线商店、电子支付系统和供应链管理工具，以适应快速变化的商业环境。在此时期，电子商务变得日益普及，企业逐渐认识到其巨大潜力。电子商务不仅改变了企业的商业模式，还为消费者提供了更便捷的购物体验。它催生了新的商业模式，如电子市场、在线拍卖和电子支付，重塑了全球商业格局。

4. 第四阶段：全程电子商务阶段

电子商务发展的第四阶段，即全程电子商务阶段，其关键特点是随着 SaaS（软件即服务）软件服务模式的兴起，互联网软件应用不断延伸和完善，形成了全新的商业模式。SaaS 模式的出现使企业能够使用云端软件来管理和执行其全程电子商务活动，此模式不仅包括在线销售和购物，还包括供应链管理、客户关系管理、电子支付、物流和库存管理等所有环节。企业可以借助这些云端工具实现全程电子化,提高效率、降低成本、加强可持续性。全程电子商务的概念强调了电子商务的全方位覆盖,使企业在各个环节都能借助互联网实现电子化操作。该模式提供了更高的灵活性和可扩展性,改善了客户体验,使消费者和企业之间的互动更加顺畅。

5. 第五阶段:智慧电子商务阶段

电子商务发展的第五阶段是电子商务的智慧化发展阶段,该阶段自 2011年开始显现。互联网信息碎片化和云计算技术的成熟为这一阶段的电子商务发展提供了基础,同时主动互联网营销模式的出现,标志着电子商务迈向了更高级别的发展。在这一智慧电子商务阶段,电子商务不再局限于传统的在线销售模式,而是采用主动、互动和用户关怀等多角度的方式与用户进行深层次沟通。深度互动和个性化关怀使电子商务更加智能化和人性化。借助大数据分析、人工智能和云计算等技术,企业能够更好地理解用户需求,提供个性化的产品和服务,建立更深层次的用户关系。①

而今,新一代信息技术,如大数据、云计算、虚拟现实和人工智能等,正迅速演进,为数字经济和电子商务的不断创新提供强大支持。此类技术的快速发展将塑造新的商业模式,孕育新的应用突破,推动电子商务进入更高级别的发展阶段。大数据分析将更加深入地挖掘消费者行为和市场趋势,帮助企业更好地了解客户需求,制定个性化的营销策略。云计算将提供更加强大的计算和存储资源,使企业能够快速扩展其在线业务,提高效率和可扩展性。虚拟现实技术将为在线购物和体验创造全新的可能性,增强用户互动性。人工智能将自动化和智能化商业流程,提高客户服务水平。电子商务与实体店将更深度地融合发展,满足不同消费者需求。电子商务将进一步改善购物体验,为消费者提供更便捷、多样化的购物选择。

---

① 王瑞金.电子商务 [M].济南:山东人民出版社,2003:4.

（三）我国电子商务的发展状况

根据商务大数据监测，2023 年 1 至 10 月，我国网上零售额达 12.3 万亿元，增长 11.2%，实物网络零售额对社会零售额增长贡献率达 32.1%。截至 2023 年 10 月，商务部累计支持建设 2600 多个县级电子商务公共服务中心和物流配送中心，超过 15 万个乡村电子商务和快递服务站点。我国跨境电子商务海外仓超 1500 个，总面积超 1900 万平方米，为电子商务发展提供有力支撑。我国已然成了电子商务大国。然而，与前几年电子商务行业不断烧钱、高速增长的景象相比，现在的电子商务行业正逐渐进入一个增速放缓、竞争激烈、格局相对固化的瓶颈期和转型期，所面临的挑战变得更为显著，假货、低价竞争、税收问题、诚信危机以及监管问题逐渐困扰着行业的发展。在管理部门和企业应对这些问题的过程中，电子商务行业会愈加成熟，朝着更加可持续的方向前进。

在新时期，我国电子商务发展呈现出一系列新特点，可以总结为"三化""四个重点"。

1. "三化"

（1）电子商务与两化（数字化、智能化）融合：企业将更加积极地利用互联网和电子商务实现转型升级。这样一来，将加强各行业的数字化和智能化发展，提高其效率和竞争力。

（2）移动互联网推动终端移动化：随着移动互联网的快速普及，手机网络购物的使用率不断增加，提高了人们的购物便利性，使移动终端成为重要的购物渠道。

（3）大数据支持服务精准化：电子商务借助大数据技术，能够更精确地了解消费者需求，提供个性化的服务，从而提升用户体验和满意度。

2. "四个重点"

（1）农村电子商务快速发展：电子商务将继续深入农村市场，为农村居民提供更多的购物选择，促进农村经济的增长。

（2）生活服务业电子商务普及：生活服务业，如餐饮、旅游、医疗等，将更广泛地应用电子商务服务，提高人们生活的便捷性。

（3）企业间的电子商务推进两化融合：企业间的电子商务合作将进一步推动各行业的数字化和智能化，加强供应链的高效运营。

（4）电子商务服务支撑体系智能化：电子商务的服务支撑将更加智能化，提高效率和质量。

二、电子商务的含义与特点

（一）电子商务的含义

电子商务有广义电子商务和狭义电子商务两种定义。广义电子商务指的是使用各种电子工具和通信技术从事商业活动，包括电报、电话、广播、电视、传真、计算机网络、移动通信等工具。狭义电子商务是指主要利用互联网进行商务活动。狭义电子商务是人们通常所熟知的电子商务概念，涵盖了通过互联网进行的商品和服务交易，涉及供应商、广告商、消费者、中介商等各方的行为。狭义电子商务是在互联网的基础上进行的各种商务活动，如在线购物、在线支付、电子市场、在线拍卖等。无论是广义电子商务还是狭义电子商务，都有两个关键特点：一是依托于通信技术，二是通过电子手段进行商务活动。

1. 各种国际组织对电子商务的定义

电子商务是一个广泛的概念，涵盖了多个领域和层面，各国和国际组织对其进行了多种定义，以反映其多样性和复杂性。

联合国经济合作与发展组织有关报告将电子商务定义为利用电子化手段从事的商业活动，其基于电子数据处理和信息技术，如文本、声音和图像等数据传输，主要依赖 TCP/IP 协议（传输控制协议/网际协议）和 Web 信息交换标准，并提供安全保密技术。该定义强调了电子商务的技术基础和安全性要求。

国际商会在 1997 年的世界电子商务会议中提出了"电子商务"的概念，认为电子商务是对整个贸易活动实现电子化，具体来说，电子商务即通过电子交易方式进行商业交易，不再依赖当面交换或直接面谈。该定义从交易方式和技术角度两方面界定了电子商务。

世界贸易组织的电子商务专题报告中将电子商务定义为通过电信网络进行生产、营销、销售和流通的活动。该定义强调了电子商务的范围不仅局限于互联网上的交易，还包括所有通过电子信息技术解决问题、降低成本、增加价值和创造商机的商务活动。

全球信息基础设施委员会电子商务工作委员会将电子商务定义为一种运用电子通信作为手段的经济活动，使人们可以对带有经济价值的产品和服务进行宣传、购买和结算。该定义强调了电子商务的包容性，其可以涵盖各种经济活动，包括农业、工业、服务业等。

2. 一些 IT 公司对电子商务的理解

部分 IT 公司根据自身技术特点和业务范围，提出了各自的电子商务定义。

IBM 提出了一个简洁而全面的电子商务定义，即电子商务 = Web + IT，强调了电子商务在网络环境下的商业化应用。在该定义中，电子商务不仅仅是硬件和软件的结合，更重要的是将买方、卖方、厂商以及合作伙伴在企业内部网和企业外部网上紧密结合起来的商业应用。此外，IBM 强调，企业在建立电子商务的过程中，必须首先建立稳定的内联网，完善标准和信息基础设施，然后才能成功地扩展到外联网，最终实现电子商务的应用。

HP 将电子商务视为从售前到售后支持各个环节实现电子化和自动化的业务流程，将电子商务描述为跨越时间和空间的电子化世界，即 E-World=E-Commerce+E-Business+E-Consumer，突出了电子商务的综合性质，其不仅仅包括交易环节的电子化，还包括整个商业流程的电子化。HP 的定义强调了电子商务的本质，即通过电子方式完成商业贸易活动，实现物品和服务的交换，并构建商家与客户之间的联系。这里的电子商务分为商家间电子商务和商家与最终消费者之间的电子商务，涵盖了广泛的商业活动范围。

GE（通用电气公司）的将电子商务定义为通过电子方式进行的商业交易，将其分为企业间电子商务和企业与消费者之间的电子商务两个方面。企业间电子商务以电子数据交换为核心技术，借助增值网和互联网等手段，实现了企业间业务流程的电子化。此种电子化涵盖了生产、库存和流通等各个环节，有助于提高效率。企业与消费者之间的电子商务则以互联网为主要服务提供方式，实现了公众消费和服务提供方式以及相关的付款方式的电子化。

3. 经济合作与发展组织对电子商务概念的理解

经济合作与发展组织指出，电子商务存在着广义和狭义两种定义。狭义的电子商务主要涵盖了商品交易，特别是那些通过计算机网络技术进行的交易。此种定义侧重强调电子商务的在线购物和电子支付形式。相对而言，广义的电子商务将定义的范围扩大到了服务领域，这意味着电子商务不仅包括商品的在线交易，还包括通过电子手段提供各种服务，如在线咨询、远程医疗等。

经济合作与发展组织指出，公共统计部门通常会因数据收集的需要和便利而将电子商务局限于特定领域，例如互联网商务。这种局限性的定义有助于收集相关数据，但也可能忽视了电子商务在其他领域的重要作用。而国家政策部门为了扩大影响和涵盖更多方面，通常会提供更广泛的电子商务定义，甚至将电子政务等纳入其中。

经济合作与发展组织认为，一个通用的电子商务定义应该包括两个关键方面。首先是交易活动或形式。电子商务不仅仅是一种特定形式的交易，而是包括了不同层次和各种商务活动，如工程设计、商务、交通、市场、广告、信息服务、结算、政府采购、保健、教育等。这种广义定义强调了电子商务的多样性和广泛应用。其次，通信设施是电子商务的关键组成部分，包括应用软件和网络。应用软件必须能够在各种通信网络上运行，无论是开放的还是封闭的、私人的还是非私人的网络。此方面强调了技术的重要性，也强调了电子商务与通信技术的紧密关联。经济合作与发展组织强调了理解技术与商务过程之间相互关系的重要性，认为电子商务的定义应该反映现代经济活动的状态，并反映信息技术在商务活动中的应用。这主要是因为电子商务不仅仅是一种工具或技术，它是商业过程中的一种新模式，通过信息技术的应用来改变和优化商务活动。

（二）电子商务的特点

电子商务相较于传统商业形式，具有以下特点。

1. 全球化

通过互联网，电子商务将商业活动超越了国界和时区的限制。无论是在白天还是在夜晚，只需轻点鼠标，人们就可以轻松地访问世界各地的网站，与另一侧的人员进行即时的交流。这意味着企业可以将其产品和服务通过互联网迅速传送到全球各地。在国际互联网的框架下，电子商务促进了全球贸易和合作的扩展，为企业提供了更广阔的商机和发展空间。这种全球化特性也促使企业需要更加灵活和具有竞争力的战略来适应不同国家和地区的需求。

2. 低成本

电子商务通过互联网进行信息交互，从而可以有效降低多个方面的成本。首先，它可以减少传统商务中的各种票据印刷和快递成本，因为大部分交流和交易都是数字化的，无须纸质文件的邮寄。其次，电子商务允许企业实行无店面经营，从而可以节省店面租金、水电和人工成本，这对于新兴企业来说较为有利。再次，企业通过电子商务，可以更好地优化库存管理，减少过多的库存积压，降低库存损耗以及商品来回运输所带来的成本。最后，电子商务也能够帮助企业减少商业谈判的差旅费用，因为许多商务会议和沟通可以通过在线会议和电子邮件等方式进行，无须频繁的出差。

3. 高效率

电子商务通过将传统商务流程数字化和电子化，带来了多方面的效益。电子商务利用电子流程替代了传统的实物流程，降低了人力和物力资源的消耗，从而降低了企业的运营成本，其高效率体现在订单处理、库存管理、支付流程等多个方面。电子商务突破了时间和空间的限制，通过互联网，人们可以随时访问企业门户网站，获取所需信息，并通过电子邮件等方式进行商品咨询、下单等操作。这不仅提高了客户的便利性，还使企业能够实现全天候的在线业务运营。对于跨国贸易而言，电子商务的高效率消除了时差带来的不便和低效率。国际贸易者可以更加迅速地响应市场需求，从而加速交易过程，提高市场反应速度。

4. 交互性

在电子商务环境下，企业可以与其他企业、客户以及潜在客户之间通过互联网进行即时的交流和互动。企业之间可以利用电子商务平台进行交流、谈判和合同签订，从而消除地理距离的限制，使国际贸易更加便捷。企业可以轻松地与全球范围内的供应商、合作伙伴和客户建立联系，从而促进全球商业合作。[1] 消费者也能够通过电子商务平台与企业或商家进行交互，如通过在线论坛、电子邮件、实时聊天工具等方式提出问题、反馈意见和寻求帮助。互动性使企业能够更好地理解客户需求，根据反馈及时调整产品和服务，提供更加满意的购物体验。电子商务的交互性促进了双向沟通，而企业和消费者之间的双向沟通有助于建立信任关系，提高客户忠诚度。在良好的互动下，企业可以更加敏捷地满足市场需求，而消费者则感到被重视，这样积极的互动有助于建立稳固的商业关系。

5. 整体性

电子商务具有整体性的特点，它能够将事务处理的工作流程整合为一个无缝的整体，将人工操作和电子信息处理紧密结合在一起。电子商务的整体性提高了资源的利用效率，通过自动化流程，减少了人工干预，从而降低了人力和物力成本；提高了系统的运行严密性，减少了错误和漏洞的可能性，强化了数据的准确性和可靠性。这使企业能够更加高效地处理业务，提供更快捷、可靠的服务，从而提升了竞争力。

6. 协调性

电子商务在商务活动中强调各个环节之间的协调与合作。电子商务不仅需要企业内部、生产商、批发商、零售商之间的协调，还需要银行、配送中

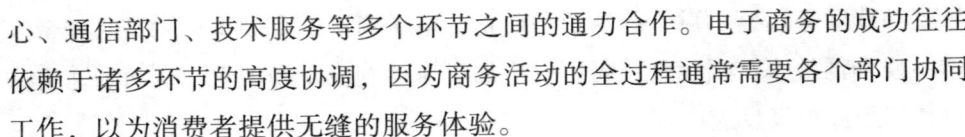
心、通信部门、技术服务等多个环节之间的通力合作。电子商务的成功往往依赖于诸多环节的高度协调，因为商务活动的全过程通常需要各个部门协同工作，以为消费者提供无缝的服务体验。

7. 安全性

电子商务的安全性是一项至关重要的考虑因素，要求建立端到端的安全解决方案，包括加密机制、签名机制、安全管理、存取控制、防火墙、防病毒保护等措施，以确保在线交易和信息传输的机密性和完整性。电子商务与传统的商务活动存在着明显的不同之处，因为电子商务的核心在于数据的数字化传输，而传统商务更依赖于物理交流。因此，保护客户的个人信息、交易数据以及企业机密至关重要。在不断增长的网络威胁面前，确保电子商务的安全性成了企业和消费者的共同责任，而只有建立强大的安全防护体系，才能在数字化时代保护企业和消费者的利益。

8. 集成性

电子商务通过计算机网络将商务活动的各种功能高度集成，并促进了商务主体之间的高度集成。综合性和协同性的集成性使电子商务在提高效率方面表现出色。通过数字化、自动化的流程，电子商务简化了商业交易和信息传递，减少了烦琐的人工干预，提高了工作效率。

三、电子商务的功能

电子商务能够提供网上交易与管理等全过程的服务，具有广告宣传、咨询洽谈、网上订购、网上支付、电子账户、服务传递等多种功能。

（一）广告宣传

电子商务可以在互联网上发布各类商业信息，实现全球范围内的广告宣传。客户（消费者）可以利用搜索引擎等工具迅速找到所需商品信息，而商家（企业）则可以通过网页和电子邮件等渠道进行广告宣传。电子商务的广告形式丰富多彩，远远超越了传统广告的限制。与传统媒体广告相比，网络广告具有独特的交互性和直接性。在网络上，客户可以与广告互动，点击链接以获取更多信息或进行购买，这有助于提高广告的效果和客户参与度。

（二）咨询洽谈

借助非实时的电子邮件等功能，商家可以轻松了解市场和商品信息，随时与客户或供应商进行交流。非实时的沟通方式消除了时空限制，使商家可以跟踪市场动态，及时做出反应，同时使洽谈交易事务也变得更加高效。实时的讨论、会议等功能则为商家提供了即时交流的平台。通过实时聊天工具，商家可以直接与客户或合作伙伴进行在线讨论，解决问题和取得决策。而网络会议则允许参与者共享图形信息，在涉及复杂产品或图示解释时较为有用。

（三）网上订购

电子商务的网上订购环节为客户提供了便捷而高效的购物方式，并且为商家管理订单提供了方便和安全性。产品介绍的页面上通常有友好的订购提示信息和订购交互格式框，使客户能够清晰地选择或填写所需的信息，如商品数量、型号、交付地址等。这种界面设计一般简洁明了，降低了客户的购物门槛，提高了购物的便捷性。系统通常会及时回复确认信息单，以确保订购信息的准确性和收悉。自动化的反馈机制有助于避免错误和误解，提高了订购流程的可靠性。订购信息通常采用加密的方式传输，保障了客户和商家的商业信息的安全。

（四）网上支付

电子商务的成功与否往往取决于网上支付的环节。网上支付是实现交易的步骤，不仅需要高度的安全性，还需要方便快捷的支付方式。客户和商家之间通常采用银行卡账号进行支付，具有便捷性，客户只需提供银行卡信息即可完成交易，而无须使用现金或支票。然而，银行卡支付也带来了安全性的挑战，因为银行卡信息容易受到非法行为的威胁。为确保网上支付的安全性，需要实施可靠的信息传输安全性控制措施，包括使用加密技术，以确保支付信息在传输过程中不会被未经授权的第三方获取；同时，需要建立有效的身份验证机制，以确认支付者的身份，防止冒用银行卡等欺诈行为。

（五）电子账户

电子账户以多种形式存在，允许客户在网上进行支付、存款、提取资金等操作。为确保电子账户操作的安全性和可信度，电子商务企业、银行等应采取适当的技术措施。数字证书通过对用户身份的认证，确保了账户操作的合法性，防止了冒名顶替等欺诈行为。数字签名是一种加密技术，用于验证交易的完整性和真实性，从而减少了数据篡改的风险。加密技术的应用也是电子账户操作安全的重要组成部分，通过加密，可以保护账户信息在传输和存储过程中的机密性，防止未经授权的访问。

（六）服务传递

一旦客户完成了支付，商家需要尽快将订购的货物传递到客户手中，以使交易能够圆满完成。在电子商务中，服务传递可以分为本地和异地两种情况。对于本地交付的货物，通常可以通过物流和本地供应链来快速传递。而对于异地交付的货物，除通过物流交付实物外，电子邮件等在线工具也在物流调配中发挥着关键作用。电子商务中最适合在线直接传递的货物是信息产品，此类产品包括软件、电子读物、信息服务等，它们能够直接从电子仓库中通过网络传递到用户端。[①] 直接的传递方式具有高效性和实时性，能够使用户迅速获取他们所需的信息产品。

（七）意见征询

电子商务在意见征询方面具备独特的优势，可以以高度方便的方式收集客户对销售服务的反馈意见，通过网页上的"选择"和"填空"等格式文件，建立一个紧密的市场反馈回路。客户的反馈意见可以显著提高售后服务的水

① 张金锁，李跃贞.电子商务 [M].徐州：中国矿业大学出版社，2002：12.

平。通过了解客户的需求和关切点，商家可以更好地满足客户的期望，解决客户可能遇到的问题，从而提升客户满意度，促进客户的忠诚度。客户的反馈意见利于商家改进产品和发现市场商机。通过分析客户的反馈，商家可以及时识别和解决产品的问题，推出更适应市场需求的产品。客户的建议和意见还可以帮助商家发现新的商业机会，改进销售策略，扩大市场份额。

（八）交易管理

电子商务交易管理涉及多个方面，包括商家与商家之间的交易、商家与客户之间的交易，以及商家内部各个部门之间的协调和管理。因此，交易管理在电子商务中显得尤为重要，它覆盖了商务活动的全过程，确保了交易的顺利进行。在电子商务环境下，交易管理变得更加高效和智能化。电子商务提供了强大的信息管理工具。例如，商家可以实时追踪订单、库存和交付情况，以确保交易按计划进行。电子商务平台能够自动化许多交易流程，包括订单处理、支付管理和物流协调，减少了人为错误和交易延误的风险。电子商务还促使商家采用更加严密的数据管理和安全措施，以保护敏感信息和交易数据的安全性。

第二节　电子商务的组成框架

一、电子商务的概念模型

电子商务的概念模型是对现实世界中电子商务活动的一般想象描述，主要是由交易主体（电子商务实体）、电子市场、交易事务与信息流、资金流、物资流等基本要素共同构成（见图1-1）。

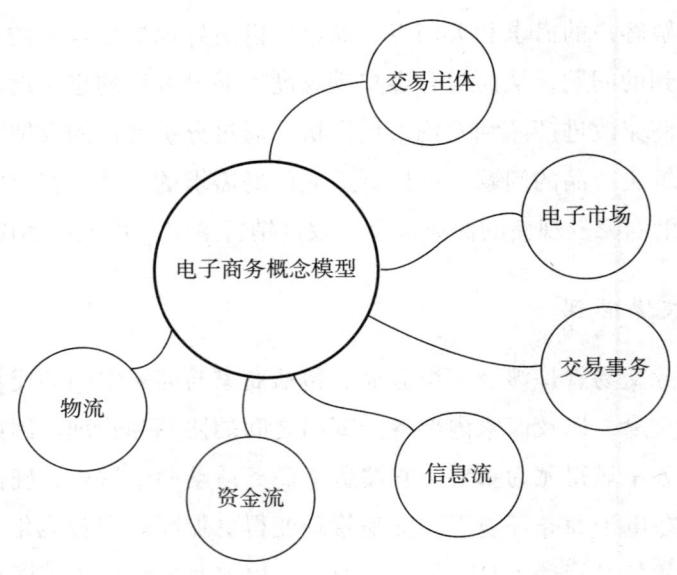

图 1-1　电子商务概念模型

电子商务是现代商业的重要组成部分。上述电子商务概念模型为人们提供了一个清晰的框架来理解电子商务中涉及的关键元素。其中，交易主体、电子市场和交易事务是电子商务的核心构成部分，而物流、资金流、信息流则是支撑电子商务运作的关键要素。交易主体是电子商务活动的参与者，可以是企业、银行、政府机关等。交易主体在电子市场中进行商品和服务的交换，从而构建了一个复杂的经济整体。电子市场作为交易主体进行交易的场所，通过网络连接各种商务活动参与者，实现了跨地域和跨时区的交易。交易事务是电子商务中具体的商务活动，包括询价、报价、转账支付、广告宣传、商品运输等。交易事务在电子市场中以各种形式发生，涵盖了电子商务的方方面面。物流、资金流、信息流是电子商务顺利运作的关键。物流涉及商品和服务的分发和传输，资金流则涉及资金的转移过程，信息流包括了广告、促销、技术支持、售后服务等信息的传递。[1]

---

[1]　王瑞金.电子商务 [M].济南：山东人民出版社，2003：19.

二、电子商务的组成要素

电子商务的核心活动可总结为三大要素——信息流、资金流和物流，它们分别借助信息网络、金融网络和配送网络来实现。

（一）信息流

信息流通常分成了两种形式：一种是纵向信息流，主要发生于企业内部；另一种是横向信息流，主要发生于企业及其上下游有关的企业、政府管理机构之间。

（二）资金流

资金流涵盖了资金在交易过程中的流转和管理，一般起始于消费者或客户，最终完成于商家或卖家的账户，其中可能需要金融机构的中介支持。金融网络是实现资金流的关键枢纽，它提供了多种支付和结算方式，包括电子现金、电子支票和信用卡等，使电子商务交易的支付更为便捷和安全。电子支付工具的应用不仅提高了交易的效率，还为用户提供了更多支付选择，从而促进了电子商务的发展。

（三）物流

物流是物质实体的物理运输和分发的过程，由多项经济活动组成，包括包装、装卸、存储、运输、配送等。电子商务的物流可以分为广义和狭义两个方面。广义的物流涵盖了整个流通领域，包括生产领域和流通领域，其中，物质资料在生产环节之间的物理移动和产成品从生产地到消费地的物流运输都包括在内。广义的物流涉及供应链管理，涵盖了从原材料采购、生产、存储到最终商品送达消费者手中的全过程。狭义的物流更专注于商品在流通领域内的物理移动，主要涉及商品的仓储、运输和分销。在电子商务中，物流的作用体现在商品的仓储管理、订单处理、包装、运输和最终送达客户手中等环节，需要高效的物流管理和合理的配送网络，以确保商品能够及时、安全地送达顾客手中。

（四）信息流、资金流、物流之间的关系

信息流是电子商务的基础和纽带。信息流包括商品信息、市场需求、价格变动、订单状态等各类信息的传递和交换，它通过电子邮件、网站、管理软件等渠道将商家、供应商、消费者之间的信息连接在一起，为交易提供透明、及时、准确的信息基础。信息流的高效运作有助于商家更好地了解市场需求，制定营销策略，满足客户期望，同时促进资金流和物流的协同。

资金流是电子商务的核心目的和价值体现。资金流涵盖了支付、结算、退款、财务管理等环节，代表了电子商务中的价值交换过程。客户通过向商家支付商品价格，商家获得资金，在此过程中，资金流的安全和高效对于建立客户信任、确保交易顺利进行至关重要。信息流为资金流提供支付信息和订单确认，确保交易的可追溯性和透明性。

物流是将商品从卖方送达买方的关键环节。物流包括订单处理、包装、仓储、运输和最终交付等流程。信息流提供订单和库存信息，资金流支持物流成本的支付。电子商务中的物流不仅要求高效、及时，还需要满足客户的物流需求，提供跟踪和配送等服务。良好的物流体验可以增加客户忠诚度，推动再次购买。

三、电子商务的基本框架

（一）电子商务的框架层次

1. 网络基础设施

网络基础设施是构建电子商务的底层架构。信息高速公路这一比喻形象地描绘了网络基础设施在电子商务中的作用。如同公路系统由各种道路层层连接组成一样，信息高速公路由骨干网、城域网和局域网等多层次网络构成，使每台联网的计算机都能够在全球范围内互相连通。在该信息高速公路上，信息以多种方式传播，如通过传统的电话线、光纤或无线电波传递。

2. 多媒体内容的网络宣传

在信息高速公路上，用户可以选择不同的方式来发布和传播信息。目前，最流行的方式之一是使用 HTML（超文本标记语言）格式发布信息。超文本标记语言可以整合文本、图像、声音等多媒体内容，使信息更易于检索和表现。然而，网络本身并不理解这些信息的内容，它将它们视为由 0 和 1 组成的数字串。解释、格式编码和还原这些数字串的任务落在了网络设施的上一层，包括硬件和软件等组成部分，各个组件协同工作，将数字串转化为可读的文本、图像或声音。

3. 报文与信息传播的基础设施

互联网不仅提供了信息高速公路，还构建了报文和信息传播的基础设施，从而为电子商务的顺利进行提供了坚实的基础。在互联网上，信息传播工具有两种主要的交流方式：一种是非格式化的数据交流，例如使用传真和电子邮件传递的消息，主要是面向个人的沟通方式；另一种是格式化的数据交流，其中电子数据交换系统是一个典型的代表，旨在实现自动化的信息传递和处理，减少人为干预的需求，对于面向机器的通信非常有用。HTTP（超文本传输协议）作为互联网上通用的消息传播工具，提供了一种统一的显示方式，可在各种环境下呈现非格式化的多媒体信息。可见，通过互联网传递的信息可以以一致的方式在不同设备和平台上显示，确保了信息的可访问性和可读性。

4. 贸易服务的基础设施

贸易服务的基础设施提供了通用交易业务所需的基本服务，无论是企业还是个人都可以从中受益。其中，安全和认证是至关重要的。在电子商务中，需要确保传递的消息是可靠的、不可篡改的、不可否认的，进而在争议发生时提供适当的证据，以维护交易的公平和合法性。在网络上进行交易时，安全的电子支付是必不可少的。买方可以使用多种电子支付方式，如电子信用卡、电子钱包、电子支票和电子现金等，进行网上支付。这些支付方式通过中介机构进行认证和处理，确保了支付的安全性和可靠性。数字证书和电子身份证等技术用于提供端到端的安全保障，从而保护了支付过程的安全。目录服务用于提供商品和服务的目录，使消费者能够轻松浏览和选择所需的产品。目录服务支持市场调研、咨询服务和购买指南等功能，也是客户关系解决方案的一部分。此外，目录服务还可以加速供货链的缩减，为供货体系服务提供支持。

5.电子商务应用

电子商务应用是建立在前述基础设施之上的实际应用领域，其多样性和广泛性使其成为现代商业的关键组成部分。实际应用通过充分利用信息技术，提供了各种便捷的服务。供应链管理是电子商务应用的重要方面，通过实时数据共享和协调来优化物流和库存管理，提高了效率，减少了成本。视频点播使用户能够随时随地观看他们感兴趣的视频内容，在娱乐和教育领域都有广泛应用。网络银行提供了在线银行业务，使用户能够进行电子支付、转账和管理他们的财务。电子市场为卖家和买家提供了一个在线平台进行交易。电子广告通过网络传播商业信息，促进产品和服务的推广。网上娱乐包括各种在线游戏和媒体娱乐。有偿信息服务使用户能够获取专业信息和咨询。诸多电子商务应用领域的不断发展和创新，正在改变着人们的商业和生活方式。

（二）电子商务的框架支柱

电子商务框架包括两个支柱，即社会人文性的政策法规与自然科技性的技术标准。

1.社会人文性的政策法规

政府需制定适当的税收政策，以确保在电子商务交易中征收合理的税款。电子商务的全球性质使跨境交易成为常态，因此税收政策需要解决数字商品和服务的征税方式、税率和征税主体等问题，并充分考虑如何减少税务欺诈和避税行为，以维护税收公平和国家财政的稳定。要制定法律法规以保护知识产权，包括专利、商标、著作权等，要确保合法知识产权的持有人能够获得应有的权益，还要打击侵权行为，包括侵犯商标和著作权的仿冒行为。要规定如何收集、存储和处理个人信息，以及在数据泄露或滥用情况下的惩罚措施。要增强消费者的信任感，推动电子商务市场的健康发展。同时，电子商务可能涉及买卖双方跨越国界的交易，因此纠纷的解决需要一个有效的国际仲裁体系。可以通过参与国际仲裁组织或签订国际仲裁协议来解决电子商务跨境纠纷，以确保公平和高效的纠纷解决。

2. 自然科技性的技术标准

自然科技性的技术标准在电子商务领域发挥着至关重要的作用，充当着规范和指导电子商务系统运作的桥梁。技术标准定义了用户接口、传输协议和数据格式等关键技术细节，使不同的电子商务系统能够在一个共同的技术框架下运行，有助于确保不同系统之间的兼容性和互操作性，使信息能够顺畅地在不同平台之间流通，为用户提供更好的体验。技术标准对于保证电子商务系统的通用性至关重要，如同国际上采用的驾驶方向和电压标准有助于各国之间的交通和通信设备的互联互通一样，电子商务领域也需要一套通用的标准，以确保跨越国界的电子交易能够顺利进行，从而促进国际贸易和合作，推动电子商务的全球化发展。技术标准有助于提高电子商务系统的安全性。例如，SSL（安全套接层）协议用于加密数据传输，保护用户的隐私和敏感信息不被未经授权的访问者获取。

第三节　电子商务的基本模式

一、电子商务模式概述

（一）电子商务模式的定义

商务模式作为商业活动的基本框架和战略规划工具，在电子商务的兴起和蓬勃发展中起着重要作用。商业模式揭示了一个企业如何通过创造、交付和捕获价值，以实现可持续盈利的方式。商务模式是一个复杂的整体概念，由多个要素和关系构成，包括了商品流、服务流和信息流的完整体系，涵盖了企业内部的组织结构、合作伙伴网络以及潜在的收益来源和方式。商业模式不仅仅关注企业与客户之间的交互，还着重考虑供应商、合作伙伴等各方的作用和关系。在电子商务中，此概念尤其凸显，因为电子商务涉及在线交易、数字化产品和服务，需要更多的元素来构建一个完整的商业模式，如在线广告、数字付款、数据分析等。商业模式的要素之间存在内在联系，它们共同支持和推动商业活动的进行。商业模式是一个综合性的概念，要素之间相互关联、相互影响。例如，一个电子商务企业的价格策略、产品质量、供应链管理和市场推广需要相互协调，以实现顺畅的商业运营。内在联系形成了商业模式的内在逻辑，使各要素之间形成了良性的循环，有助于企业持续创造价值和盈利。在电子商务领域，商业模式的应用尤为显著。随着互联网的普及，电子商务催生了多种商业模式的创新和演化。电子商务的崛起改变了传统商业模式，催生了全新的商业模式，如订阅模式、平台模式和共享经济模式等，以数字化和互联网为基础，推动了商业的创新和发展。

（二）电子商务模式的分类

电子商务模式可以根据商业活动的电子化程度分为两大类，即完全电子商务和不完全电子商务。完全电子商务是指整个交易过程完全依赖电子方式进行，从商务洽谈到支付都在在线环境中完成的商务活动。与之相对应的是不完全电子商务，它的某些环节仍采用传统方式进行，例如，支付可以在线下完成。电子商务模式也可以根据服务对象和服务内容的不同进行分类。最常见的分类是 B2C（Business to Consumer）、B2B（Business to Business）和C2C（Consumer to Consumer）三种模式，分别代表了企业对消费者、企业对企业和消费者对消费者之间的交易关系。在这些基本模式之上，还可以进一步细分，例如：①团购模式。消费者组织在一起，以集体方式购买团购网站上的产品或服务，从而获得折扣和优惠。②移动电子商务模式。随着移动互联网的兴起，移动电子商务成为一个独立的模式，强调通过移动应用或移动网站进行交易，具有便捷性和个性化特点。③ O2O（Online to Offline）模式。强调线上预约和线下服务的结合，以及订阅模式，强调持续性服务和定期付费等。电子商务模式的选择受到企业的服务对象和市场需求的影响。如果企业的主要客户是普通消费者，那么 B2C 模式可能更适合。而如果企业主要服务于其他企业，那么 B2B 模式可能更为合适。

二、B2B 电子商务模式

（一）B2B 电子商务模式的定义

B2B 电子商务是电子商务领域中一种重要的模式，其地位在交易量和范围上均不可忽视，代表了企业之间通过互联网进行各种商务活动的方式。B2B 电子商务的兴起对于改善企业的竞争条件、建立竞争优势，以及推动电子商务的发展具有重要意义。在 B2B 电子商务中，企业之间可以通过在线平台或 B2B 网站进行各种商务活动，包括但不限于谈判、订货、签约、付款以及售后服务和索赔处理等。B2B 模式的主要目标是实现供应链的优化，降低交易成本，提高客户满意度，促进企业更好地发展。与 B2C 电子商务不同，B2B 电子商务的核心是企业之间的合作。企业通过 B2B 电子商务平台与上游供应商和下游代理商建立紧密的合作关系，以确保生产和交付的顺畅。

企业与企业之间的交易往往是大宗交易，引入电子商务可以在这方面创造大量的效益。传统企业之间的交易通常需要大量的资源和时间投入，包括销售、分销、采购等方面，均会增加产品的成本。B2B 电子商务能使交易双方在线上完成整个业务流程，从建立初步联系，到产品比较、价格谈判、订单签署、交货，甚至到后续的客户服务等。可以说，B2B 电子商务的应用大大简化了企业之间的交易流程，减少了管理成本，从而降低了企业的运营成本。互联网的便捷性和覆盖范围扩展使企业能够更容易地扩展业务范围，跨越地域和国界，而成本更为经济。① B2B 电子商务不仅仅是在线买卖的工具，也为企业间的战略合作提供了基础。在当今的商业环境中，合作和联盟逐渐

① 张金锁，李跃贞.电子商务 [M].徐州：中国矿业大学出版社，2002：15.

成为企业的发展趋势。互联网让信息传递变得更加无缝，企业可以通过网络建立互惠的合作关系，包括市场合作、产品合作、经营策略合作等，形成水平或垂直的业务整合，以更大规模、更强实力、更经济高效的方式进行全球运营管理。

（二）B2B 电子商务模式的优势

B2B 电子商务提供了企业间虚拟的全球性贸易环境，大幅度提高了企业之间的商务活动水平与质量。B2B 电子商务模式的优势突出表现在以下几个方面。

1. 降低成本

在传统商业活动中，企业需要投入大量资金来进行广告宣传、市场推广和信息传递。相较之下，电子商务为企业提供了更为经济高效的方式来推广自己的产品和服务。企业可以通过与各类门户网站合作，发布链接和横幅广告，也可以建立自己的网站，以提供实时的商业信息和商品目录。电子渠道的使用，不仅成本较低，而且能够实现精准的目标市场定位，提高广告宣传的效率，使企业能够更好地与潜在客户进行互动。对于企业来说，采购是一个烦琐且耗时的过程，需要投入大量的人力资源和财力进行市场调研和采购活动。而通过互联网进行采购，企业可以大幅降低采购过程中的人力、印刷、邮寄等费用。通过 B2B 电子商务平台，企业可以实现在线自动化采购，减少双方为交易而投入的人力、物力和财力。企业还可以整合内部采购体系，实现集中采购，以获取更多的批量采购折扣。而且，电子商务为企业提供了公开招标等采购方式，提供了更多的采购机会和更低的采购成本。开放的采购模式能够为企业提供更多的供应商选择，从而使企业在采购过程中获得更优惠的价格或更优的质量。

2. 提供超越时空界限的服务

B2B 电子商务让企业可以实现全天候的信息宣传和产品推广。无论是白天还是夜晚，无论是工作日还是周末，客户和合作伙伴都可以通过网络查询企业信息。时效性和便捷性有助于提高企业的曝光度，增强市场竞争力。不仅如此，B2B电子商务帮助企业消除了地域限制，企业可以跨越国界，将市场扩展到世界各地，实现全球化经营。通过建立网上商务关系，企业能够覆盖原本难以通过传统渠道触及的市场。全球化的市场拓展增加了企业的贸易机会，使其能够与来自不同国家和地区的潜在客户建立联系。

3. 缩短订货与生产周期

电子商务的快速订单处理能够显著降低企业的安全库存量。通过电子方式，订单可以迅速地生成、传递和确认，减少了传统订单处理中的时间延误，使企业能够更准确地计划库存，减少不必要的库存保管成本。电子商务还提高了库存补充的自动化程度，企业可以更及时地根据需求进行库存补充，降低了过量库存的风险。同时，电子商务加强了企业内部和企业间的协作与联系，深度和广度都有所提升。以前的合作方式往往存在信息封闭、分阶段的问题，导致企业内部和企业间需要大量的时间来等待信息传递。电子商务使不同地区的人员可以通过互联网进行协同工作，信息传递效率大幅提高。在信息快速传递支持下，订单处理和生产计划更加流畅，进一步缩短了产品的订货与生产周期。

4. 拓展市场，强化企业竞争力

B2B电子商务不仅改变了商务运作方式，还为企业拓展市场和增强竞争力提供了强有力的支持。通过B2B电子商务，企业能够获取广泛的供求信息，寻找商机，获取新客户，提高工作效率，了解国际市场的供需动态。企业可以以较低的成本与全球贸易伙伴进行沟通，从而更好地把握商业机会。B2B电子商务建立在高信任度和商务合同基础上，为企业提供了更多的潜在效益。

（三）B2B电子商务的交易模式

目前，企业采用的B2B电子商务模式主要有两种，即水平型B2B电子商务与垂直型B2B电子商务。

1. 水平型 B2B 电子商务

水平型 B2B 电子商务电子商务平台如阿里巴巴、环球资源网、慧聪网、中国制造网等，将不同行业中相似的交易流程集中在一个统一的在线市场中。这些平台为企业采购方和供应方提供了一个便捷的交易机会，使企业能够更容易地寻找潜在的合作伙伴，进行交易，并扩展业务网络。通过水平型 B2B 电子商务平台，企业可以更高效地进行采购和供应链管理，这促进了跨行业的合作和竞争，为企业带来了更广泛的商机和合作伙伴。

2. 垂直型 B2B 电子商务

垂直型 B2B 电子商务可以分为两个方向，即上游和下游。在上游，生产商或商业零售商与供应商建立供货关系，例如，戴尔电脑公司与芯片和主板制造商之间的交易。在下游，生产商与经销商建立销货关系，例如，思科与其分销商之间的交易。垂直型 B2B 电子商务模式使企业能够更紧密地与其供应链的不同环节进行合作，优化了供应链管理，提高了效率，加强了与合作伙伴的联系，有助于更好地满足市场需求。

（四）B2B 电子商务模式的运作

1. 水平型 B2B 电子商务的运作

水平型 B2B 电子商务是由第三方投资建立的中立的电子交易市场，建立者不直接参与交易，而是提供一个平台，供不同行业的多个买方和卖方在其中交易。该模式将卖方和买方集中在一个交易市场中，具有一对多的卖方集中和多对一的买方集中的特点。

2. 垂直型 B2B 电子商务的运作

（1）基于买方市场的运作模式。基于买方市场的运作模式主要涉及一个卖家与多个买家之间的交易，通常被称为集中销售模式或卖方解决方案。在此种模式下，卖方（如制造商或供应商）在网上发布其欲销售的产品信息，包括产品名称、规格、数量、交货期和参考价格等，以吸引买家前来认购。基于买方市场的运作模式带来了多方面的好处，可以加速产品销售的过程，尤其在推广新产品时，有助于降低销售成本，并扩展卖方的市场渠道，包括数量和地域。此种模式通常更加偏向为卖家提供服务，以满足它们的销售需求。

（2）基于卖方市场的运作模式。基于卖方市场的运作模式通常被称为卖方集中模式或集中采购模式，它涉及一个买家与多个卖家之间的交易。在这一模式中，买方首先发布其需求信息，包括产品名称、规格、数量和交货期等，然后邀请供应商前来报价、洽谈和交易。基于卖方市场的运作模式为企业采购带来了多方面的好处，它允许买方在一个平台上与多个供应商进行交易，从而降低了采购成本。对于大型企业而言，查看、比较众多供应商的信息会非常耗时和昂贵，因此，建立一个市场平台来邀请供应商进行竞价成了一种有效的解决方案。部分大型企业集团会自建用于自身采购的电子采购平台，因为集团需要管理多个旗下企业的采购。集团可以通过电子采购平台，实现采购过程的公开化和规范化，促进信息共享，提高信息流动速度，扩大询价和比价范围，节省交易费用，强化监督和控制体系，提高整个采购流程的工作效率。此外，由于集团掌握了整个数据流，因此对于监督、管理、考评和分析等工作有着巨大的价值。除了企业自建平台，一些大买家也可以联合构建平台来联合采购，以增加议价力量并获得价格上的优势。这通常适用于非直接性物料采购，如办公文具等。

（五）B2B 电子商务网站的盈利模式

B2B 电子商务网站盈利的模式有以下几种。

1. 会员服务费

会员服务费通常以年度方式向会员收取，以提供综合性服务，包括帮助会员建立在线店铺、进行网络推广以及查阅重要信息等服务。企业参与 B2B 电子商务交易时，通常需要在第三方电子商务平台上注册为会员，并支付年度会员服务费，以享受网站提供的各种服务。目前，会员服务费已成为中国 B2B 电子商务网站主要的收入来源之一。会员服务费的收取是最早也是最常见的 B2B 电子商务网站盈利模式之一。通过支付会员服务费，会员可以在网站上发布一定数量的信息。B2B 电子商务网站通过优化其信息，使其可以在公共搜索引擎中被检索到，通常还需要确保这些信息在搜索结果中排名较高。这为会员提供了网络营销的价值，吸引了更多的会员加入网站，形成了良性循环。

2. 广告费与站内关键词排名费用

广告费与站内关键词排名费用是 B2B 电子商务网站的重要盈利方式，它们在网络广告领域发挥着关键作用。在当今的商业环境中，网络广告已经成为企业推广和营销的不可或缺的手段。无论是大型门户网站还是专注于供求信息发布的 B2B 电子商务网站，都通过网络广告实现了重要的盈利。中国的企业越来越认识到了网络广告的潜力，因此加大了在这方面的投入。广告模式多种多样，其中包括竞价排名广告、关键词搜索广告、按效果付费广告以及整合投放型广告等，为企业提供了多样化的选择。企业可以根据其特定需求和预算来进行广告投放。竞价排名广告是一种常见的广告模式，它通常出现在以会员为主的网站或以供求信息发布为主的网站上。企业渴望提高其产品的曝光度和销售量，因此希望在网站的信息搜索结果中排名靠前。为了满足这一需求，B2B 电子商务网站提供了一种服务，即根据企业的广告投放费用来调整其信息在搜索结果中的排名顺序。这意味着缴纳更多广告费用的企业的信息将出现在搜索结果的前列，从而提高了它们的可见性和曝光度。竞价排名广告模式在 B2B 电子商务网站中取得了显著的成功，为网站和企业带来了可观的盈利。

3. 认证供应商收取的企业信誉认证费

电子商务网站中的企业信誉认证模式，旨在应对电子商务市场中企业众多、信誉不一的情况，特别在活跃的会员网站上得以广泛采用。通过支付企业信誉认证费，企业可以接受网站的认证，从而增加客户对其信誉的信任。在竞争激烈的市场中，通过信誉认证获得客户的信任对企业至关重要。

4. 增值服务费用

B2B 电子商务网站不仅提供贸易供求信息，还通过各种增值服务丰富其功能，以满足企业的不同需求。增值服务包括企业认证、独立域名、行业数据分析报告和搜索引擎优化等。例如，现货认证服务能够为买卖双方降低交易风险、提高交易效率、缩短交易时间、节约交易成本。

5. 会展展位费、会展广告费、商情刊物广告费

有的互联网企业不仅提供在线服务，还提供线下服务，因为一些企业仍偏好面对面交流。线下交流模式包括展会、商情刊物和研讨会等。展会为供应商和采购商提供了面对面交流的机会，商情刊物则提供行业资讯和广告植入等信息。然而，线下模式相对于在线模式来说，成本较高且操作较为复杂。

6. 专业技术服务费用

专业技术服务通常与其他服务相结合，要求互联网企业拥有高水平的技术团队，能够提供多样化的技术支持。专业技术服务的项目包括招聘服务、项目外包服务、在线出版服务等，还包括围绕企业电子商务应用的各种技术和工具服务，如即时通信工具、诚信评估和数字认证工具、企业和产品搜索工具、软件管理工具以及企业网站建设技术服务等。

7. 企业交易佣金

在 B2B 电子商务领域，收取企业交易佣金是一种常见的盈利模式。尤其是在垂直行业网站中，收取企业交易佣金的模式更加突出。一些互联网企业专注于特定行业，为在该行业进行交易的中小企业提供平台。尽管这些行业网站的流量相对较小，但它们在特定领域中具有很高的专业性和地位。对于这些网站来说，广告费用等其他方式可能不够持续维持，因此收取企业交易佣金成了一种可行的选择，即网站会从每笔成功交易中抽取一定比例的佣金作为收入来源。收取企业交易佣金的模式对于中小企业客户来说相对灵活，因为它们可以在专业的行业平台上找到潜在的客户，完成交易，因此愿意支付一定比例的佣金以换取这个机会。

8. 招商加盟服务费用

招商加盟服务模式是一种通过广告和促销手段吸引企业客户，帮助它们找到合适的企业来进行加盟或合作的方式。虽然招商加盟服务模式需要在前期进行较大的投资，但后期的潜在利润是无限的。主要是因为招商加盟企业通常具有较高的盈利潜力，因此它们愿意支付一定的费用以获取其他企业的加盟或合作机会。对于运营招商加盟服务模式的网站来说，需要将网站的流量扩大，特别要注重提高网站在搜索引擎中的排名和增加访问量等可量化的数据。同时，销售也是关键，网站通常需要大量的电话销售人员来销售广告和会员服务。

三、B2C 电子商务模式

（一）B2C 电子商务模式的定义

B2C 电子商务，即企业对消费者的电子商务，是通过信息网络和电子数据实现企业与消费者之间各种商务活动的模式。B2C 电子商务模式使普通消费者可以直接参与各种网络经济活动，是电子商务领域中应用最广泛、发展最迅速的领域之一。在全球范围内，中国已经成为全球最大的 B2C 电子商务市场，反映了中国电子商务行业的迅猛发展和巨大潜力。

（二）B2C 电子商务的基本构成要素

B2C 电子商务的基本构成要素可以结合服务链、产业链、资金链三个方面展开分析（见表 1-1）。

表 1-1 B2C 电子商务的基本构成要素

分析角度	服务链方面	产业链方面	资金链方面
要素	网站 经营与管理人员 产品 其他工具	网站维护与推广 购物导购 采购与库存 物流运输 售后服务	货到付款 汇款 电子支付

1. 服务链方面

（1）网站。网站是构建 B2C 电子商务的基本骨架。

（2）经营与管理人员。经营与管理人员是 B2C 电子商务的策划者及经营管理者。

（3）产品。产品是 B2C 电子商务的血液。B2C 电子商务以产品为核心而开展，结合线上展示线下交易、线上展示线上交易等方式进行。

（4）其他工具。其他工具包括仓库、办公场所、电脑、运输工具等，它们也是构成服务链的关键因素。

2. 产业链方面

（1）网站维护与推广。网站维护与推广因素主要涉及网站产品信息发布及更新、网络互动和网络推广。通过网站维护与推广，产品可以被更多的人所了解。

（2）购物导购。当客户来到网站后，购物导购帮助客户快速选购产品。导购是客户与产品之间的桥梁。

（3）采购与库存。采购与库存因素涉及产品在销售前的一系列运作，包括产品的选择、竞价、采购、库存管理以及分发等工作。

（4）物流运输。客户通过网站下了订单后，企业需要将产品配送至客户指定地点。快速、便捷的物流配送服务是企业良好信誉度的表现形式之一，是 B2C 电子商务的催化剂。

（5）售后服务。售后服务的质量在很大程度上决定了产品的销量，良好的售后服务是销售体系之中比较重要的组成部分。

3. 资金链方面

（1）货到付款。货到付款是较为原始的付款方式，企业将产品送达客户指定地点，客户在验货后以现金的方式支付货款。

（2）汇款。汇款方式指的是客户在完成订单之后，通过邮政系统或者银行系统向企业汇款，企业在收到汇款之后将产品发给客户。汇款方式的优点是操作简单，且没有技术复杂性。但是也具有明显的缺点，即耗时、不方便、换货麻烦、安全系数低。通常而言，汇款方式适用于购买外地的不易损坏的商品。

（3）电子支付。电子支付指的是客户直接或授权他人通过电子终端发出指令，实现货币支付与资金转移的行为。电子支付按照指令发起方式分为网上支付、电话支付、移动支付、自动柜员机交易支付等。

（三）B2C 电子商务的运作

网上购物是 B2C 电子商务的核心模式。在网上购物中，消费者（客户）首先通过互联网上的广告点击、搜索等方式进入有关网站，然后查询自己所需要的商品或服务。消费者在决定购买后，通过网站提供的订货单填入需要购买的商品或服务的内容，包括品种、数量、送货方式、地址等信息。然后，消费者选择付款方式（如信用卡、电子现金或电子支票等）完成电子支付，货款多支付给第三方支付平台。第三方平台确认消费者付款后，会通知商家（企业）发货。消费者收到货物后，点击确认收货，货款由第三方支付平台转给商家。为保证交易过程的安全性，一般平台会对商家进行身份认证。

B2C 电子商务模式主要适用于网上商店，但销售实物商品和销售无形产品的模式是不同的。为了最大限度地利用互联网，企业应根据自身特点选择适合的电子商务战略模式。该领域通常分为两种发展模式：实物商品的电子商务模式、无形产品的电子商务模式。每种模式都有其独特之处，适用于不同类型的企业。

1. 实物商品的电子商务模式

实物商品指的是传统的有形商品，例如电脑产品、书籍、服饰、礼品、鲜花等。此种商品的物流配送并非通过计算机的信息载体，而仍然是通过传统的方式实现。实物商品的电子商务模式主要是网上商店模式，消费者通过网上商店购买商品是 B2C 电子商务的典型应用之一。网上商店的主要构成部分一般包括商品目录、购物车、付款台以及后台管理系统。

（1）商品目录。商品目录类似于实体店铺的货架陈列，其主要功能是使消费者能够轻松地找到所需商品，因此目录的内容丰富度、美观性和易用性至关重要。要让消费者在访问网上商店时，能够迅速、便捷地找到他们感兴趣的商品。为此，网上商店通常需要配备强大的商品搜索引擎，特别是对于商品众多的商家。建立商品数据库也是管理和组织商品信息的有效方式，有助于提供更好的用户体验，确保网上购物的顺畅进行。

（2）购物车。购物车为消费者提供了购买前的存储功能。消费者可以将所需商品添加到购物车，也可以根据需要将其删除或修改，从而最终确定购买决策。购物车的灵活性和便捷性使消费者能够轻松地管理其选购的商品，同时为商家提供了更好的销售机会。

（3）付款台。付款台用于消费者完成交易和结算。消费者在付款台确认订单并核对购买的商品信息，之后选择合适的付款方式，如信用卡支付、在线银行转账或货到付款等。此过程的实现依赖于互联网技术，需确保购物的便捷和安全性。

（4）后台管理系统。后台管理系统是维护整个在线购物流程的幕后关键，可以处理消费者的订单、管理库存、安排商品发货，以及处理消费者的投诉和查询。虽然后台管理系统对于消费者来说是不可见的，但在网上商店的正常运营中扮演着重要的角色。管理人员使用后台系统来监控和处理订单，确保订单的准确性和及时发货。系统还能够自动发送订单通知和发货提醒，以提供更好的客户体验。不仅如此，后台管理系统通常也支持销售数据的分析和预测，以帮助企业更好地了解市场需求并做出相应决策。

2. 无形产品的电子商务模式

网络本身具有信息传递的功能，又有着信息处理的功能，所以，无形产品往往能够通过网络直接向消费者提供。无形产品的电子商务模式主要有网上订阅模式、付费预览模式、广告支持模式以及网上赠予模式几种类型。

（1）网上订阅模式。网上订阅模式指的是企业通过网页向消费者提供网上直接订阅功能，消费者可以直接浏览信息。网上订阅模式主要被商业在线机构用来销售报纸杂志、有线电视节目等。网上订阅模式主要有在线服务、在线出版、在线娱乐等。

（2）付费浏览模式。在付费浏览模式中，企业按计次收费，向消费者提供特定的网上信息浏览和下载服务。其核心思想是让消费者根据个人需求有选择性地购买他们感兴趣的文章、报告等内容，或者付费获取数据库中的信息。

（3）广告支持模式。在广告支持模式中，在线服务提供商免费向用户提供在线服务，并依赖广告收入来维持运营。用户点击企业投放的广告即可直接访问广告企业的网站，获取更详细的信息。

（4）网上赠予模式。网上赠予模式是一种借助互联网广泛性的模式，通过向用户免费提供软件产品来提高企业知名度和市场份额。网上赠予模式的核心是让用户先试用产品，然后提供升级版本或相关软件吸引用户购买，从而实现收益。由于赠送的是无形的软件产品，用户可以通过互联网自行下载，因此企业的成本相对较低。如果产品具有实用价值，用户通常会快速接受，从而使得网上赠予模式成为一种吸引用户的有效方式。

（四）B2C 电子商务的类型

1. 综合型 B2C 电子商务

综合型 B2C 电子商务平台，类似于传统商城，以其庞大的购物群体、稳定的网站平台和完备的支付体系著称。诸多要素共同作用，促进了卖家的积极进驻和买家的频繁购买。通过发挥品牌影响力，此类平台不断吸引新客户，同时积极探索新的盈利模式。例如，京东和亚马逊中国就是这种模式的典型代表。它们提供了一个多元化的产品和服务市场，满足消费者的不同需求。此外，这些平台通过优化用户体验、增加商品种类和提高服务质量，不断巩固和扩大其市场地位。在激烈的电子商务市场竞争中，综合型 B2C 电子商务平台通过创新和改进，始终保持行业领导者的地位，为消费者和企业创造了一个双赢的购物环境。

2. 垂直型 B2C 电子商务

垂直型 B2C 电子商务近年来逐渐崭露头角，它的核心特点在于专注特定领域。聚美网等网站便是这一模式的典型代表，它们专注于一个细分市场，提供针对性的商品销售。21世纪的消费观念和消费方式已经与传统营销截然不同，单一依赖热门商品的营销策略已经无法满足现代企业的发展需求。在此背景下，垂直型 B2C 电子商务的崛起应运而生，此类平台通过深耕细分市场，能更有效地满足消费者对特定类别商品的个性化需求，提升用户的购物体验，增强品牌的市场竞争力。在面对复杂多变的市场环境时，垂直型 B2C 电子商务模式展现出了其独特的优势。

3. 传统生产企业网络直销型 B2C 电子商务

传统生产企业在转型为网络直销型 B2C 电子商务模式时，需明确其未来定位、发展方向与目标。在这种模式下，企业需要协调线下渠道与网络平台间的利益，实施差异化销售策略。例如，线上销售的产品可利用线下渠道提供完善的售后服务，形成一个互补的销售体系。在产品设计阶段，重视消费者需求至关重要。通过深入理解市场和消费者的期望，企业可以设计出更符合目标客户需求的产品，从而提升客户满意度和品牌忠诚度。

4. 平台型 B2C 电子商务

平台型 B2C 电子商务模式通常指的是那些在传统线下已具备一定知名度的品牌，转战线上市场以开拓新的销售渠道，主要目的是扩大品牌在线上和线下的用户群，增加销售额和利润。平台型 B2C 电子商务模式的核心在于强化品牌影响力，确保产品质量，以吸引和维护 C 端用户群。平台型 B2C 电子商务通常面向的目标客户群比较单一，即 C 端用户。品牌效应在这里往往起着决定性的作用，只有当品牌足够强大、产品质量过硬时，才能吸引到大量需求者。此类平台的盈利方式相对单一，主要依靠销售利润。由于销售的商品通常是企业自产的，因此销售利润是主要的盈利来源。不过，这些平台也可以探索如付费会员制等其他盈利方式，以进一步增加收入。平台型 B2C 电子商务的运营难度相对较小，有了品牌知名度和清晰的目标市场，有关企业进入线上市场相对容易，运营起来的难度也不大。

四、C2C 电子商务模式

（一）C2C 电子商务模式的定义

C2C 电子商务模式是一种通过网络平台进行的个人与个人之间的商业模式。在 C2C 电子商务模式中，电子商务网站充当了交易平台的角色，让卖家可以发布待售商品信息，而买家可以从中选择购买。同时，为了确保交易的顺利进行，交易平台还提供了各种配套服务。C2C 电子商务模式广泛适用于拍卖和二手物品交易等情境，交易方式多种多样，可以在线上进行竞标，由最高出价者获胜，也可以通过在线或线下方式交换货物或货币。C2C 电子商务模式可以看作传统物物交换方式在互联网时代的现代版本，不同之处在于互联网提供了虚拟市场，突破了地域限制，使人们能够更广泛地进行交易。在 C2C 电子商务模式中，交易的物品种类多种多样，卖家可以是普通邻居，也可以是大型跨国公司，而商品可以是家庭制作的蛋糕，也可以是珍贵的艺术品。此外，C2C 电子商务并不局限于物品和货币、物品和物品的交换，还可以包括以人力资源交换商品或服务的形式。

（二）C2C 电子商务模式的运作

下面通过买家和卖家操作流程来介绍 C2C 电子商务模式的运作。

1. 买家操作流程

买家需要在 C2C 电子商务平台上注册，成为会员，这通常涉及提供个人信息、创建账户和设置密码等步骤，以确保买家在平台上有一个个人身份。注册完成后，买家就可以在 C2C 电子商务平台上浏览各种商品，选择感兴趣的商品，并将它们加入购物车或下订单。下订单时，买家需要提供相关的购买信息，如收货地址和货运方式等。买家提交订单后，接下来的步骤是付款。C2C 电子商务平台通常提供各种支付选项，买家可以选择使用信用卡、第三方支付平台（如支付宝）等支付方式来完成交易。支付完成后，支付款项通常会被暂时托管在第三方支付平台上。在确认买家付款后，第三方支付平台会通知卖家发货。一旦商品被送达到买家提供的地址，买家会收到货物。买家有责任验货，确保收到的商品与订单一致，并且没有明显的损坏或缺陷。如果一切正常，买家就可以通知第三方支付平台，确认交易完成，释放支付款项给卖家。

2. 卖家操作流程

卖家需要在 C2C 电子商务平台上完成注册流程，成为平台的会员，这通常涉及提供个人信息、创建账户和设置密码等步骤，以确保卖家在平台上有一个个人身份。卖家注册后，通常需要进行第三方支付账户的认证，包括激活支付账户并提供相关信息以进行实名认证，以确保交易的安全性和可信度。认证完成后，卖家可以在 C2C 电子商务平台上创建自己的线上商店。卖家需要上传商品信息，包括商品的图片和文字描述，在商店中展示，以吸引潜在买家。卖家还可以根据自己的需求对商店进行装修，以提升吸引力。当卖家成功完成交易后，所获得的资金通常会被暂时托管在第三方支付平台上。卖家可以在一定的时间内申请提取现金，将交易收入转入自己的银行账户。提现流程通常包括设置提现的银行账号、申请提现并等待款项的转移。

五、其他电子商务模式

（一）O2O 电子商务模式

O2O 电子商务模式，即将线下商务与互联网融合，将互联网作为线下交易的前台。O2O 电子商务模式的出现改变了消费者的购物方式，并为企业提供了更多的商机和发展空间。O2O 电子商务模式有五大关键要素，包括独立网上商城、行业可信网站认证、在线网络广告营销推广、全面社交媒体与客户在线互动、线上线下一体化的会员营销系统。诸多要素共同构成了 O2O 电子商务模式的基础框架，使其成为一种强大的商业模式。

1. O2O 电子商务模式的优势

O2O 电子商务模式在电子商务领域中被认为是一种"三赢"的模式，对本地企业、消费者和服务提供商都带来了好处。对于本地企业来说，O2O 电子商务模式要求消费者通过网站进行支付，这为企业提供了一个获取消费者购物信息的渠道。通过收集这些数据，企业能够实现精准营销，更好地了解和满足客户需求，从而提高客户忠诚度和拓展客户群体。另外，通过线上资源带来的顾客通常不会增加太多额外成本，反而能够带来更多的利润。同时，O2O 电子商务模式还降低了企业对店铺地理位置的依赖，减少了租金等支出。对于消费者而言，O2O 电子商务模式提供了丰富、全面、及时的商家折扣信息，使消费者能够迅速筛选并购买合适的商品或服务，而且价格相对实惠。消费者可以轻松地获取所需的产品或服务，提高了购物的便捷性和满意度。对于服务提供商来说，O2O 电子商务模式能够带来大规模、高黏度的消费者，从而争取到更多的企业资源。通过掌握庞大的消费者数据资源，垂直网站等服务提供商可以为企业提供其他增值服务，进一步扩大商业机会。

2.O2O 电子商务模式的潜在风险

O2O 电子商务模式在电子商务领域解决了传统服务行业的电子商务化问题，但也带来了一些挑战和问题，需要企业充分考虑并解决。O2O 电子商务模式要求线下实体店提供更高质量的服务和产品，以满足线上吸引来的消费者。这对企业的线下能力提出了挑战——企业需要更高水平的服务管理和质量控制。如果线下服务质量无法达到预期，则会影响消费者的体验和信任。O2O 电子商务模式中的线下服务提供商通常充当第三方中介的角色，协调线上交易和线下体验，容易导致企业难以掌握线下服务的全局，处于被动地位。因此，如何确保线上信息与线下服务的对称性，以及如何保障消费者权益成为关键问题，需要企业进行精心考虑和管理。O2O 电子商务模式的在线支付和线下体验有可能出现消费者在付款前受到很高的关注，但在交易完成后遇到不尽如人意的情况，从而引发消费者的不满和投诉，因此企业需要在提供线上线下体验的同时，注重售后服务和信誉的建设。O2O 电子商务模式强调以人为本，这需要企业仔细考虑如何平衡线上和线下服务，满足消费者的需求，同时维护消费者和服务提供商的利益，在模式运营中找到平衡点，建立可持续的经营模式。O2O 电子商务模式中的价格策略也是一个重要问题，企业需要权衡线上和线下价格的差异，确保两方的消费者都能获得利益。如果企业只关注一方的消费者，可能会错失一些商机。因此，价格策略需要谨慎考虑，以吸引最大的客流量。

3. O2O 电子商务模式与 B2C 电子商务模式的区别

O2O 电子商务模式与 B2C 电子商务模式在电子商务中扮演着不同的角色，各自有其特点和应用领域。它们都是服务形式，但在服务的内容、交互方式和市场定位上存在显著的区别。O2O 电子商务模式更侧重于生活服务类消费，如餐饮、电影等。O2O 电子商务模式的核心是将线上用户引导到线下场所获得服务体验，通常涉及客流的管理和线下门店的运营。B2C 电子商务模式则更专注于实物商品的在线购买，涉及物流和库存管理。O2O 电子商务模式中，消费者需要亲自到现场获得服务，例如通过手机应用预订餐厅并前往用餐，或者购买电影票后亲自前往影院观影。而在 B2C 电子商务模式中，消费者通常待在家里或办公室，通过在线下单购物，等待商品送货上门。不仅如此，O2O 电子商务模式中，库存更多的是指服务的可用性，例如餐厅座位、电影场次等，而 B2C 电子商务模式中，库存主要涉及实物商品的库存管理。尽管 O2O 电子商务模式和 B2C 电子商务模式有一定区别，但是也存在一些共同点。它们都依赖于在线平台，主要交易流程都在在线平台上进行，包括在线支付、客户服务等。未来，O2O 模式的发展趋势是提供跨界无缝的、优质的服务体验，意味着零售服务的融合，即互联网服务者、生活服务提供商都会采用 O2O 模式来提供服务。在此过程中，线上体验将涉及不同的数字终端，如手机、电视、电脑，甚至游戏机等，以满足不同消费者的需求。

（二）团购电子商务模式

团购是一种消费者联合起来以获取更优惠价格的购物方式，不论他们是否相识。在团购模式中，基于薄利多销的理念，企业通常会提供低于零售价格的团购折扣以及独特的优质服务。团购可通过多种途径开展，如消费者自行组织团购、专业团购网站、企业组织团购等。

1. 团购形式与产品特点

团购作为一种购物方式，目前呈现出多种形式，其中包括自发团购、职业团购、销售商自组织的团购，以及通过建立"消费者联盟"来创业的"个人特许加盟型团购"。不同形式团购的共同特点是参与者在保证正品的前提下，能够获得更有价值的消费体验，从而增值自己的消费资产。消费者在选择参与团购之前，有几个关键点需要考虑。消费者要了解所需商品的市场价格、品牌声誉以及性能特点，以便做出明智的选择。

实践经验表明，适合团购的商品或服务通常具备以下特点：第一，团购商品或服务具有较高的品牌知名度，消费者对其有一定的信任和认可。第二，团购商品或服务在市场上占有较大的份额，通常是行业的领头羊。第三，团购商品或服务可能曾多次获得各类奖项，即在质量和性能方面有卓越表现。第四，团购商品或服务通常属于行业龙头或业内领先者。第五，团购商品或服务拥有完善的服务体系和出色的售后服务，能确保消费者的满意度。第六，商品质量稳定，能够经得起时间的考验，不易出现质量问题。第七，团购商品或服务能够提供全面的企业和产品信息，包括执照、生产许可证、合格证、检验报告、获奖证明等，为消费者提供充分的信任保障。

2. 团购网站的商业特征

成交数量限制是团购网站的一个显著特征。通常，团购网站会对销售商品的数量进行限制。例如，餐饮企业可能会提供一定数量的超低价格的就餐机会，但数量有限。对于实物商品，由于生产和配送等方面的限制，团购网站通常会设置数量上限，这也有助于制造紧迫感，激发消费者的购买欲望。

价格折扣通常很低是团购网站的特点之一。团购网站的核心目标是通过集体购买来获得更低的价格折扣，因此通常会提供相对较高的折扣率。有时折扣会非常夸张，如 2 到 3 折，甚至低至 1 折。高折扣率可以吸引更多的消费者参与团购活动。

时间限制也是团购网站的一项重要商业特征。团购网站通常会组织企业进行限时促销活动。这些时间限制有助于制造紧迫感，促使消费者尽快做出购买决策。时间限制还有助于团购网站有效地安排和推广不同的促销活动。

付款方式是团购网站的重要组成部分。消费者在团购网站上购买产品通常有两种付款方式可选。第一种方式是传统的付款方式，即由团购网站工作人员组织消费者前往商铺或工厂直接购买低价商品，并进行现场支付。第二种方式是在线支付货款，通常包括网上银行支付、支付宝支付、财付通支付以及手机支付等多种支付方式。

3. 团购的具体流程

团购网站与当地的企业进行洽谈，此步骤是团购活动的起点。团购网站寻找具有高潜力和高利润的企业，就某一产品或服务达成协议，商定合作的具体细节，包括提供的折扣幅度和企业可接受的最低成团人数。一旦与企业达成合作协议，团购网站会在其平台上发布团购活动的详细信息，包括项目名称、折扣率、价格、最低成团人数、倒计时、商家联系信息等。此类信息对吸引消费者参与团购至关重要，因此需要清晰明了地呈现出来。团购网站通常会配置客服人员，以回答会员对当天团购商品的提问。实时客户服务有助于消费者解决疑问，提高他们的购买信心，从而增加团购的成功率。会员在线参与团购并购买所需商品，有需要邮寄的商品可以填写快递信息。如果团购成功，团购网站将通知企业相关信息，或通知已参加会员团购券的号码和密码，以便其在商家处使用。如果团购失败，团购网站将退款给已参加团购的会员。如果当天的团购成功，团购网站会在第二天上班时与企业进行结算，将收取的商品团购款项扣除平台提成后提交给企业，企业则可以根据团购网站发送的优惠券或订单进行销售或快递邮寄。如果团购失败，团购网站也会及时通知企业。

第四节　电子商务时代下的社会变革

电子商务作为一种商务活动，并非孤立存在的，其对于人类生活、企业管理以及社会经济等方面产生了深远的影响。

一、电子商务对个人生活的影响

如今，伴随着互联网的普及与电子商务的发展，人们的生活、工作、学习等多方面都发生了翻天覆地的变化。

（一）信息传播方式的改变

随着通信技术的不断进步，互联网已经成了人们日常生活、工作、学习和娱乐的重要通信工具和传播媒介。互联网作为通信工具，提供了多种功能，如电子邮件、网上电话、网上传真、网上寻呼等，使人们能够以便捷、高效的方式进行私人和商业通信。无论是跨越国界的国际合作，还是在国内进行远程工作和协作，互联网都扮演了不可或缺的角色，有助于提高工作效率和加强人际联系。互联网作为传播媒介，改变了信息传播的方式。它具有低成本、随时随地访问、传播迅捷等优势，使信息能够以更广泛、更迅速的方式传达给大众。从新闻报道到社交媒体，互联网为人们提供了获取和分享信息的平台，促使了在线教育、数字媒体和电子商务等领域的迅速发展。互联网还为客户提供了便捷的信息获取和互动的机会。客户可以根据自己的需求随时随地访问各种信息资源，从产品评价到专业建议，都可以通过互联网轻松获取。客户还可以与企业或服务提供商进行实时互动，提出问题、提供反馈或购买产品和服务。

（二）生活方式的改变

互联网已经深刻改变了人们的生活方式，尤其是购物方式。在线购物呈现出许多显著的优势，使越来越多的人选择在互联网上浏览商品、在线购物和享受电子商务带来的便利。

互联网购物提供了更多的选择性。一方面，电子商务平台上的电子商店可以容纳无限数量的商品，比大型实体超市还要多。另一方面，消费者可以在不同的电子商店之间比较价格、特性和品牌，获得更广泛、更具体的商品信息，而且不受时间和地点的限制。多元的选择性为消费者提供了更多的购物乐趣和满足不同需求的机会。

互联网购物有助于节约社会劳动和经济资源。电子商务可以通过以销定产的方式，使商品的生产和消费更为紧密衔接，减少盲目生产和库存积压，从而降低浪费，节约社会劳动和经济资源，提高资源利用效率和可持续发展。

互联网购物节省了时间并提供了更具竞争力的价格。通过在线购物，消费者不再需要花费时间去实体商店、排队结账等，节省了宝贵的时间。此外，电子商务减少了中间环节的成本，使消费者能够享受到更具竞争力的价格。

互联网购物还提供了保护个人隐私的机会。购买一些属于个人隐私的物品时，传统实体商店可能会面临碰上熟人等尴尬情况，而在互联网上，消费者可以更加私密地完成购物，保护了个人隐私。

互联网购物还满足了个性化消费需求。消费者可以通过电子商务购买定制的个性化产品和享受定制的个性化服务。个性化消费体验在互联网上得以实现，让消费者感受到独特的购物乐趣。

电子商务还提供高效的售后服务。企业可以通过互联网提供即时的售后支持和服务，使消费者在购物后能够获得更好的满意度。

同时，互联网还为人们提供了丰富多彩的娱乐、社交和信息交流方式，让每个年龄阶段的人都能在互联网上找到自己感兴趣的事物，满足各种生活需求。

（三）工作方式的改变

随着互联网的广泛应用和电子商务的崛起，工作方式正在经历显著的改变，不仅影响着企业运营，还对个体员工和整个社会产生了深远的影响。互联网和电子商务的发展使工作更加灵活，远程工作已经成为现实。许多企业采用远程工作模式，员工可以在家工作，避免了通勤的时间和精力浪费。高级领导层的商业会议也可以通过远程视频会议进行，从而减轻了城市的交通拥堵问题，减少了交通对城市环境的污染，促进了可持续发展。电子商务的崛起还改变了传统的就业结构。现在，伴随着电子商务的发展，几乎所有行业的从业者都需要具备一定的数字化技能。

（四）消费方式的改变

电子商务的快速发展和电子支付、物流配送等服务的完善已经改变了消费方式。现在，人们可以足不出户，通过网络账户在任何时间、任何地点进行消费。便捷的消费方式已经深刻影响了人们的生活方式和消费习惯。

（五）教育方式的改变

随着通信技术的不断进步，网络远程教育变得越来越普遍。此种教育方式利用计算机通信技术和网络技术，实现远程实时、多点、双向的互动式多媒体教学。通过实时传送声音、图像、电子课件和教师板书，师生可以在不同地点之间进行双向视听问答，就像面对面教学一样。网络远程教育具有许多优势，包括充分利用高质量教材和教师资源，为各年龄层、不同知识结构和各行业的学习者提供全新的学习方式，等等。它突破了传统教育在时间、空间和资源上的限制，使教育更加灵活和可及。

二、电子商务为企业带来的变革

（一）电子商务改变了企业商务活动的方式

传统的商务模式常伴随着推销员的推销、采购员的奔波，以及消费者在实体商场的辛苦寻觅。而今，通过互联网，消费者可以轻松进入虚拟商场，自由浏览和购买各种产品，并享受便捷的在线服务。企业也能够利用网络与客户建立联系，进行货款结算，提供更灵活的服务。

（二）电子商务正改变企业的生产方式

电子商务的崛起正在推动企业改变其生产方式。便捷的购物手段使消费者的个性化和特殊需求能够通过网络传达给制造商。为了满足顾客需求，制造业企业积极发展和普及电子商务，并在产品设计和风格上不断创新，以提供更吸引人的产品。这促使企业更灵活地适应市场需求，深刻地影响了其生产策略和产品开发过程。

（三）电子商务为传统行业带来了一场革命

电子商务覆盖了商务活动的整个过程。电子商务通过电子通信方式，提高了效率，减少了中间环节，促使制造业进入小批量、多品种的时代，甚至可以实现零库存。同时，电子商务还为传统零售业和批发业带来了新模式，如"无店铺"和"网上营销"，并且为传统服务业提供了全新的服务方式。这一革命性的转变影响深远，塑造着未来商业和行业格局。

（四）电子商务带来了一个全新的金融业

在线电子支付成为电子商务的关键，也是其顺利发展的基础。随着电子商务在电子交易方面的突破，网上银行、银行卡支付网络、银行电子支付系统，以及电子支票、电子现金等服务愈发普及，形成了一个全新的金融业态。

（五）电子商务给企业带来了全新的发展环境

电子商务的不断发展和演变，给企业带来了全新的发展环境。无论是时间、空间上的便利，支付方式、运营方式的改变，还是顾客来源的多元化、不同文化间的碰撞，都使企业面临着巨大的机遇与挑战。

第二章　CDIO 理念概述

第一节　CDIO 理念的概念与内容

CDIO（Conceive–Design–Implement–Operate）理念，有着一套较为完善的体系，是国际工程教育改革的成果。它不仅强调专业知识和实际操作能力的结合，还注重个人综合能力、终身学习能力以及职业道德的培养。CDIO理念的培养目标既具体又实用，可以为人才培养的实践活动提供明确的导向，对于我国培养现代高素质专业人才具有重要的指导意义。

一、CDIO 理念的概念

CDIO 是一个现代工程教育的方法和框架。其基本理念是整合工程教育的四个主要环节：构思（conceive）、设计（design）、实施（implement）和运作（operate），旨在更好地培养工程师和技术人员，使其不仅拥有坚实的技术基础，还能够将这些技术知识应用于实际问题的解决中。

构思（conceive），在这里的含义是准确定义客户需求，并且要考虑到所需要的技术支撑、企业的战略要点和规章制度等各种可能关联的因素，开发、发展并不断地完善概念、技术与商业案例。[①] 也就是说，在构思阶段，

---

① 李念秋.基于 CDIO 理念的工程造价专业核心实训课程建设 [M].南昌：江西学校出版社，2018：8.

学生需要理解和识别用户的需求、技术的趋势以及社会和环境的约束。学生要学会如何设定项目目标和要求，以及如何构思新的产品、过程或系统的初步概念。

设计（design），主要是指制订开发的产品系统所需的各种计划、图纸和算法。[①] 在设计阶段，学生将他们在构思阶段形成的初步概念转化为详细的设计方案。学生需要选择和应用相关的工程原理，使用计算工具，并进行系统的性能评估。

实施（implement），是指将设计阶段的草案、计划、运算法则等转化成真正产品的过程，主要包括各种硬件的制造、软件的编程、编译、测试、检查和验证等活动。

运作（operate），是指产品、过程或系统的实际使用和维护。学生需要了解如何确保系统的可靠、高效和安全运行，以及如何对其进行升级和维护。在这个阶段，学生还要学会如何评估系统的性能，如何与用户和其他利益相关者互动，以及如何根据反馈进行改进。

CDIO 理念的这四个环节涵盖了工程活动的完整流程经历阶段，其出发点就是使培养的工程人才成为能够胜任这个流程工作的工程师。在工程教育改革中，CDIO 是一个重要的创新工具，它提供了一套面向学生的教育体系，强调让学生在整个项目过程中，主动参与学习工程教育的理论知识、实践经验和各种能力。

构思、设计、实施和运作的项目过程如表 2-1 所示。

---

① 王刚 .CDIO 工程教育模式的解读与思考 [J]. 中国高教研究，2009（5）：86-87.

表 2-1 构想、设计、实施和运作的项目过程 [①]

构思（C）		设计（D）		实施（I）		运作（O）	
目标	概念设计	初步设计	施工设计	元件制造	系统整合	全生命支持	演化
商业战略 技术战略 客户需求 目标 竞争分析 项目计划 商业计划	需求 功能 概念 技术构建 平台计划 市场定位 法规 供应商承诺	需求定位 模型开发 系统分析 系统解构 界面要求	元件设计 需求确认 失效和预案分析 确认设计	硬件制造 软件编程 资源整合 元件测试 元件改进	系统整合 系统测试 改进 取得认证 投产 交货	销售 运行 物流 客户服务 维修 回收 升级	系统改进 产品家族扩张 产品家族退出

CDIO 理念的核心在于以用户或客户为中心，从而确保设计、生产和运行能够满足客户的目标。实际上，该理念并非来自工程教育，而是来自市场营销。从市场营销的角度看，先生产然后销售的产品与首先了解用户需求、随后进行设计和生产的产品有着本质的区别。这一观点同样适用于工程教育。工程师需要对客户的需求有深入的了解，包括客户需要什么样的产品和服务，客户的关注点、痛点和难点是什么，进而开展产品的创新。如 CDIO 模式所强调的，工程教育应先明确企业对于人才的需求，据此确定培养的目标，再决策如何培养。CDIO 模式以关注企业对工程技术人才的需求为起点，以适应工程技术人才发展为目标，探索建立工程技术人才培养的模式和路径，为应用型人才培养奠定了坚实的理论与实践基础。

二、CDIO 理念的内容

CDIO 理念的核心内容主要包括三个目标、一个愿景、CDIO 教学大纲以及 CDIO 标准。

[①] 克劳雷等. 重新认识工程教育：国际 CDIO 培养模式与方法 [M]. 顾佩华，沈民奋，陆小华，译. 北京：高等教育出版社，2009：7.

（一）三个目标

第一个目标是使学生在学习过程中，深入理解和应用基础知识与技能。学生追求的不仅仅是简单的原理应用，而是能够在多种情境中适当地运用这些知识，使这些知识和概念能够被自己真正掌握，为自己创造更为持久的价值。在 CDIO 模式实践过程中，教师的目标是鼓励学生构建自己的知识框架，为其未来的职业生涯和继续学习奠定坚实的基础。

第二个目标是培养学生的各项实际操作能力，使学生能够创新、设计和管理新的产品、流程和系统。此外，CDIO 理念还强调培养学生的个人能力、态度以及人际交往能力。其中，个人能力和态度主要包括创新思维、自学能力、适应性、责任感、好奇心和勇于承担风险的勇气，人际交往能力主要包括沟通能力、团队合作能力和问题解决能力。

第三个目标是让学生充分认识到研究和技术进步在社会中的重要作用。学生深化了技术知识（满足第一个目标）之后，需要意识到研究和技术进步如何对产品、学术界乃至整个社会产生实质性影响。

前两个目标是为了平衡技术基础知识与应用能力之间的关系。CDIO 理念在强化基础知识的同时，注重提升学生的个人交往、团队协作以及产品和流程的构建能力。第三个目标体现了工程教育中研究与技术发展对社会的影响，这可以帮助学生明确未来的职业路径。

（二）一个愿景

CDIO 理念的愿景是培养有专业技能、有社会意识和有企业家敏锐性的工程师。CDIO 理念强调不仅要传授给学生专业知识，还要培养他们的实际工程技能和人际沟通、团队合作等"软"技能。CDIO 理念认为，一个成功的工程师不仅要对其领域有深入的理论知识，还要具备将这些知识应用于真实世界来解决问题的能力。此外，工程师还应具备高效沟通、领导团队、管理复杂项目等多方面的能力。CDIO 理念的愿景是培养具备较全面能力的工程师。

CDIO 理念强调构建一个高度整合的课程体系，确保学科间的密切配合与支撑。在这样的体系中，个人的能力素质培养与从产品开发到产品运行所需的全方位技能培养被有机地融合在一起。工程学习是 CDIO 理念的核心，强调学生在进行经验学习之前，需要完全掌握现代实践场所中的设计与实施，并亲身参与、体验相关的实践。这种深入的参与并不仅限于设计与实施，还包括一系列与专业学科内容和目标紧密结合的主动与经验学习。完成这一系列学习后，学生需要接受全面的评估，以确保学生的知识和技能真正达到所期望的水平。

（三）CDIO 教学大纲

随着科学技术的不断发展，学生不仅需要积累大量的技术知识，还需要培养人际交往以及产品和系统构建等方面的技能。社会和企业对即将毕业的工程师的期望是他们能够理解工程过程、参与工程产品的开发，同时还是一个思维成熟、有独立思考能力的个体。因此，CDIO 教学大纲（见表 2-2）应运而生。它详细列出了一系列知识、技能和态度的学习目标，这些目标是基于现代工程实践的标准制定的，旨在全方位培养工程师应具备的各种能力和品质。

CDIO 教学大纲主要由四个部分组成。第一部分为技术知识和推理，主要是技术学科知识方面的教学目标，表明技术知识及其推理的重要性。第二部分是个人能力、职业能力和职业道德，强调学生在工程推理和解决问题、实验及知识探索、系统思维、个人技能和态度，以及职业技能和道德等领域的能力。第三部分为人际交往能力、团队协作和沟通能力，包括团队精神、交流、外语交流等方面的内容。第四部分主要是在实际企业和社会背景下，对于产品、过程和系统从构思到设计到实施再到运作的全过程的构建能力。

表 2-2 CDIO 教学大纲 [①]

一级大纲	二级大纲	三级大纲
技术知识和推理	基础科学知识	—
	核心工程基础知识	—
	高级工程基础知识	—
个人能力、职业能力和职业道德	工程推理和解决问题	认识和系统表述问题 建立模型 判断和定性分析 不确定性因素分析 解决方法和建议
	实验及知识探索	建立假设 查询相关书刊或者电子文献 实验探索 假设检验和论证
	系统思维	整体思维 系统内的紧急性和交互性 确定优先级和焦点 决议时权衡、判断和平衡
	个人技能和态度	主动和愿意冒险 执着与变通 创造性思维 批评性思维 自省个人的知识、技能、态度 求知欲和终身学习 时间和资源的管理
	职业技能和道德	职业道德、正直、责任感和负责任 职业行为 主动规划个人职业 与世界工程界保持同步
人际交往能力、团队协作和沟通能力	团队精神	组建高效团队 团队工作运行 团队成长和演变 领导能力 技术协作

---

① 乔付. 双绞线式软件工程人才培养模式探索与实践 [M]. 西安：西安电子科技大学出版社，2015：35-39.

续　表

一级大纲	二级大纲	三级大纲
人际交往能力、团队协作和沟通能力	交流	交流战略 交流结构 写作交流 电子和多媒体交流 图表交流 口头表达和人际交流
	外语交流	英语 其他欧洲语言 其他外语
企业和社会的构思、设计、实施和运作系统	外部和社会环境	工程师的角色和责任 工程界对社会的影响 社会对工程界的规范 历史和文化环境 现时的焦点和价值观 发展全球观
	企业及商业环境	认识不同的企业文化 企业策略、目标和计划 技术创业 成功地在一个团队中工作
	构思与工程系统	设立系统目标和要求 定义功能、概念和体系结构 系统建模并确保目标可能达成 项目发展的管理
	设计	设计过程 设计过程分期与方法 设计中对知识的利用 学科专业设计 跨学科专业设计 多体综合设计
	实施	设计实施的过程 硬件制造过程 软件实现过程 硬件软件的结合测试、验证、认证以及取得证书 实施过程管理
企业和社会的构思、设计、实施和运作系统	运作	设计和优化操作 培训及操作 支持系统的生命周期 系统改进和演变 弃置处理与产品报废问题 运行管理

（四）CDIO 标准

CDIO 理念的 12 条标准是一个对实施 CDIO 工程教育模式的指引和评价系统。这 12 条标准系统地描述了工程教育改革的基本特征，揭示了符合 CDIO 模式要求的专业所需具备的关键特质，为专业培养提供了可执行的方向，并为其提供了检验和测评的方法。这 12 条标准包括专业培养的理念、如何制订课程计划、如何结合设计和实施的经验及实践的场所、采用何种新的教与学方法、如何增强教师的工程能力，以及如何进行考核和评估等内容。其中的 7 条标准，即标准 1、2、3、5、7、9 和 11 是基础，它们体现了 CDIO 模式的专业培养与其他教育方式的本质区别。而其余的 5 条标准（标准 4、6、8、10、12）则体现了工程教育的实践性，为 CDIO 培养模式提供了有益的补充。这 12 条标准具体包括以下内容。

1. 标准 1：背景环境

将产品、过程和系统生命周期的开发与运用作为工程教育的背景环境。初入行业的工程师应该能够在现代团队合作环境中对复杂增值工程产品、过程和系统进行构思—设计—实施—运作。他们应该能够参与工程过程，为工程产品的发展做贡献，在工程机构中从事这样的工作。这是工程专业工作的基本要求。技术知识与能力的教学实践，在很大程度上以产品、过程和系统的生产周期作为工程教育的框架或环境。

在构思阶段，课程应注重识别消费需求，同时综合考虑技术创新、企业战略以及法律法规，从而形成综合的概念、技术和商业计划。设计阶段则涉及对这些计划的具体化，明确如何通过图纸、算法等手段来描述并实现设计。实施阶段要求学生具体实践，将之前的设计蓝图转变为实物，其中涵盖了制造、编译、测试和产品认证等多个环节。在运作阶段，学生需确保设计出的产品或过程能够实现预期效果，并进行必要的系统维护、更新和退役。这样的生命周期背景环境为工程教育提供了一个综合性的文化构架，使技术知识与实际能力教育得以有机融合。如果教育者遵循并推广这一理念，致力于 CDIO 模式的实践与革新，那么 CDIO 理念便可以深入整个专业培养的每一个环节。

2. 标准2：学习效果

这里的学习效果是指明确的学习效果，与专业的目标相契合，并经过各方利益相关者的审查与确认。知识、技能和态度等方面都可以是工程教育所期待的学习效果，因为学习效果不只是对技术学科知识的掌握。因此，CDIO教学大纲详细描述了学生所需具备的个人能力及人际交往能力，以及与产品、过程和系统建设相关的技能。

在个人能力方面，CDIO教学大纲着重强调学生在认知与情感层面的成长，包括工程推理和解决问题、实验及知识探索、系统思维、个人技能和态度以及职业技能和道德等方面的培养。而在人际交往的方面，则更加关注学生如何在团队中展现领导才能、合作精神和沟通技巧。产品、过程和系统建设能力，主要包括学生如何在各种商业、社会和企业环境中进行产品、过程和工程系统的构思、设计、实施和运作。

为确保学习效果与实际工程实践相匹配，相关利益者应参与这些学习效果的审核和确认过程。同时，他们也需要为确定每一学习成果所应达到的具体水平或标准提供有力的支持。

3. 标准3：一体化课程计划

一体化课程计划是通过专业课程相互协同和综合的方案构建的课程计划，涉及学科知识，个人能力以及产品、过程和系统建造等方面的综合能力。一体化课程计划旨在为学生提供丰富的学习体验，帮助他们掌握学科的知识和技能。

学科间的相互支持性在于它们的内容和学习效果之间存在紧密的联系。而一体化课程计划的目标是融合这些学科知识和技能的培养，确保学生在课程学习和课外活动中都能全方位地发展和完善自己的各项能力。

4. 标准4：工程导论

这门课程主要为学生构建一个关于工程实践的初步框架，明确地展示工程师在产品、过程和系统建设中的角色和职责，以及如何巧妙地运用所学的专业知识来实现具体的工程任务。学生在课程中要解决基础的工程问题和进行设计实践，无论是独立操作还是团队合作，都要深入参与其中。这门课程还为学生提供关于个人与团队交往的能力、知识和态度方面的训练，以为他们今后参与更复杂的工程项目打下坚实的基础。通过这样的实践，学生可以在小组合作中锻炼自己，为未来的大型项目团队工作做好准备。

5. 标准 5：设计实现的经验

这一标准强调为学生提供多次设计实现的经历，让他们在课程中至少有参与初级、高级实践活动的机会。设计实现的经验核心在于围绕新产品和系统的开发进行一系列的工程任务，包括从构思到设计再到实施的各个环节，让学生了解工程项目的全过程，并在实际操作中掌握工程知识和相关的技能。随着学习的深入，这些经验也会逐渐升级：初级阶段的项目往往选择简单的产品和系统作为实践对象，而后续的高级阶段则会涉及更复杂的设计任务，使学生能够整合并应用他们之前学到的所有知识和技能。此外，这些实际的设计和实现机会也可以延伸到课堂之外，以进一步丰富学生的实践经验。

6. 标准 6：工程实践场所

工程实践场所和实验室可以支持学生学习学科知识，培养学生在真实环境中构建产品、过程和系统的能力。这样的环境超越了传统的教室、演讲厅或研讨室，能够为学生提供实际操作和实验的空间。动手实践的方式，对于深化理解和应用学到的知识具有不可估量的价值。这些实践场所和实验室也可以为学生提供社交学习的机会，使他们能够在团队中互相合作和学习，这是在传统教室中难以实现的。当然，创建或更新这样的学习空间需要根据学科的规模和学校的资源来决定，但无论如何，这样的学习空间是现代工程教育不可或缺的部分。

7. 标准 7：一体化学习经验

一体化学习经验要求学生掌握学科知识，并获得与个人成长、人际交往和实际工程制造相关的能力。这样的综合性学习方式强调学科知识和实际工程技能的有机结合，例如，一个项目可能要求学生分析产品的设计，同时考虑设计师对社会的责任。更为有益的是，工程界的合作伙伴、已毕业的校友以及其他相关方都可能为这种一体化学习提供真实的、有实际意义的案例，使学生的学习更加贴近实际，更具有价值和意义。

8. 标准 8：主动学习

主动学习是一种以学生为中心的教学策略。主动学习注重让学生参与到思考和解决问题的过程中来，而不仅仅是接受知识。学生在课程中不仅是知识的接受者，还需要理解和消化知识，对概念进行操作、应用、分析和评价。为了实现这一点，教师可以采用合作学习、小组讨论、互动式讲解、辩论、提问等多种方法，以促进学生的主动参与。此外，当学生进行模拟工程实践时，如进行设计、模拟或案例研究等，实际上他们正在进行一种经验学习，从中获得宝贵的实践经验。

9. 标准 9：提高教师的工程实践能力

采取措施，提高教师在个人能力、人际沟通能力以及在产品、过程和系统建设方面的专业能力。

为了提升教育效果，CDIO 理念强调，不只学生需要获得综合能力，教师本身的技能和能力也应得到相应提升。这些能力包括标准 2 中提到的各项能力，特别是在工程实践环境中的应用，而如何进行这种提升则取决于具体的专业要求、学校的教育目标以及所拥有的资源。为了达到这一目标，学校可以采取多种方式，例如，让教师到企业中实习、与企业合作进行研究和教育项目、在招聘和晋升教师时考虑其实际工程经验、提供校内的职业培训机会等。

10. 标准 10：提高教师的教学能力

采取措施，增强教师在实施整合性学习、应用主动和经验式学习方法，以及评估学生学习成果方面的技能。在 CDIO 理念下，学校应该为教师的技能提升提供进一步的培训和支持，尤其是与整合性学习体验（标准 7）、主动与经验式学习（标准 8）和学生学习评估（标准 11）有关的部分。教师能力提升的具体内容和深度，应根据专业标准和学校的设定来确定。为了促进教师的教育技巧发展，学校可以推行一系列措施，例如，鼓励教师参与校际教育交流活动、提供平台以便教师之间分享经验和想法、强调教学效果的评估，以及采纳新的、有效的教育方法等。

11. 标准 11：学习考核

学习考核即考核学生在学科知识、个人技能、人际交往以及产品、过程和系统建设方面的成果。学习考核是量化学生具体学习成果的方法。这些考核通常由教师在课程中进行。教师要对学生多方面的学习成果进行全面评估，包括标准 2 中的学科知识、个人和团队协作技能，以及产品、过程和系统的构建能力。教师还需要结合多种评估方式进行考核，常见的考核工具有书面考试、口试、学生行为观察、评分标准、学生的自我反思、日志记录、作业评审、互评和自评等。

12. 标准 12：专业评估

专业评估是基于标准对专业进行综合性评价的系统，目的是不断优化和提高，同时为学生、教师及其他相关方提供有关反馈。

评估人员通过整理和分析课程评价、教师总结报告、新入学学生和毕业生访谈、第三方评审意见以及对毕业生及其雇主的后续调查等内容，形成专业评价的依据。评估结果会定期分享给教师、学生、校友和其他相关人员。这样的反馈是为了不断更新和完善 CDIO 实施方案。

第二节　CDIO 理念的提出与发展

21 世纪初，全球的工程教育面临着一系列挑战，包括如何更好地结合理论与实践、如何培养学生的创新能力和团队协作精神以及如何使教育内容与工程界的实际需求更加匹配等。为解决这些问题，CDIO 理念应运而生，旨在为现代工程教育提供一个全面、实践和创新的理论与实践框架。自此，该理念已在全球范围内得到广泛的推广和应用，成了工程教育领域的一项重要创新模式。随着全球工程教育的快速发展，我国也逐渐意识到 CDIO 理念的重要价值，许多学校工程学院和大学纷纷采纳 CDIO 理念，进行课程改革和实践教学的创新，旨在培养出更加适应现代工程领域需求的高素质工程人才。

一、CDIO 理念的提出

20 世纪 50 年代初，工程教育的核心焦点是对实践和操作的训练。随着 20 世纪下半叶社会文化的转变，全球的工程教育开始转向自然科学的研究和重视，形成了更加偏向工程科学的教育模式。这种趋势导致了对工程科学的过度重视，与之相对，对实践的关注度降低，从而使二者之间出现了失衡。这就造成很多培养出来的工程师过于重视理论而忽略了实践，不能很好地满足业界的需求。

为了解决这些问题，各国开展了工程教育的改革，旨在寻求理论和实践之间的平衡，培养出能够满足行业需求的工程师。从 20 世纪 70 年代开始，许多工程学院开始探索教育改革，强调培养学生在仿真真实工程环境下解决问题的能力和增强项目管理技能。尽管这些尝试是基于新的对于科学在创新和技术发展中角色的认知，但它们并没有为工程教育提供一个完整的解决方案。随着时间的推移，工业领域逐渐发现，由于学校培养的工程师与实际工作脱节，新毕业的工程师难以适应实际的生产环境。这促使多家知名工业公司，如波音公司，列出了它们期望工程师具备的关键能力。因此，为了更好地适应工业界的需要，高等教育机构需对其工程教育进行适时地调整和创新。为了培养出能够满足现代社会需求的工程人才，各国都在这方面进行了深入的研究和尝试。

在欧洲，自 1992 年欧洲共同体更名为欧盟之后，欧洲高等教育逐渐从众多国家的合作走向了更为一体化的方向。1993 年，欧洲国家工程联合会（FEANI）启动了 EUR-ACE 计划，以构建一个统一的欧洲工程教育认证系统。这个计划得到了包括欧洲国家工程联合会在内的 8 个欧洲教育认证组织的参与，并提出了被广泛引用的"FEANI 公式"，为欧洲的工程教育改革提供了方向。1995 年，欧盟推出了"苏格拉底计划"，这是一个涵盖从幼教到成人教育的广泛教育改革方案，总投资高达 27 亿欧元，自 1995 年至 2006 年执行。

在这个计划下，欧盟创立并推进了数个以特定主题为中心、得到欧盟委员会资助的"主题网络"，致力于推动欧洲工程教育的进步。其中，三个主要的主题网络分别是"欧洲高等工程教育"（H3E）、"加强欧洲工程教育"（E4）以及"欧洲工程的教学与研究"（TREE）。这三个网络对于推动欧洲工程教育的革新和发展产生了深刻影响，被称为欧洲工程教育改革的三大支柱。

1999 年 6 月，29 个欧洲国家签署了《博洛尼亚宣言》，旨在促进大学课程和学位的相互承认。这标志着"博洛尼亚进程"的开始，其核心目标是建立一个有效的质量保证体系，促进基于两阶段的学位体系的实施，并改进学位及学制的相互承认，旨在统一和互认各国的学位和学制，以提高欧洲的全球竞争力。到了 2005 年，欧洲高等教育区的教育部长们在卑尔根会议上，制定了欧洲高等教育区的质量保证标准指南。同年，包括欧洲国家工程联合会在内的 14 个欧洲教育认证组织共同创建了欧洲工程教育认证组织网络（ENAEE）。欧洲在工程教育的改革方面，与美国持相似的观点，即在保持强大的科学基础的同时，更加重视工程实践训练和各种能力的培养，并在课程内容上注重综合性和整合性。

在德国，高等工程教育采用了"两种模式并存，多次分流"的方针。德国重视普通教育与职业教育的平衡，并对科学理论与应用型人才的培养给予同等关注。这种灵活、因材施教的教育策略，使德国形成了多样化、多层次的工程人才培养路径。不论哪种路径或层次，其核心目标都是提供完备的教育，目的是培养出具备专业能力的工程师。具体来看，德国的高等工程教育机构主要分为工业大学（或称理工大学）和应用技术大学。工业大学作为研究型大学，主要致力于培养学生的理论知识和研究开发能力。而应用技术大学则更偏向于应用，强调学生的实际操作和应用技能培养。除了这些基础教育，德国还提供继续工程教育，以进一步培养和完善工程技术人才的能力，使其更好地满足国家、社会和企业的发展需求。这种继续教育主要分为三个类型——适应型继续工程教育、提供型继续工程教育和转岗型继续工程教育，分别满足不同的培训和发展需求。

在美国，20 世纪 90 年代，工程教育领域启动了名为"回归工程"的运动，强调新的教育方法应该以学生为中心，注重包容性、全面发展和实践能力的培养，从而使学生逐渐从被动学习者变为主动学习者，能够互助合作，在实践中将自己打造成合格的人才。

21 世纪初，美国麻省理工学院（MIT）联合瑞典查尔姆斯理工大学（CTH）、林克平大学（LiU）和瑞典皇家技术学院（KTH）共同开发了一种创新的工程教育方法 CDIO，即 Conceive-Design-Implement-Operate。该模式以项目研发到运行的生命周期为载体，让学生以实践的、主动的方式开展学习，旨在培养他们的科学与技术知识、持续学习的动力、沟通与团队合作技巧，以及在各种社会和商业环境中开发产品、过程和系统的能力。此模式特别强调理论知识与应用技能之间的紧密结合，有效地平衡了工程教育中的理论与实践。CDIO 理念不仅继承和发展了欧美在过去 20 多年中对工程教育改革的观念，还系统地给出了 12 条具有实施性的能力建设、完整推进和效果评估的准则。2005 年，瑞典高教署采用这 12 条标准对国内 100 个工程学位计划进行评估，结果显示，新标准比原标准更具适应性，能更好地提升教育质量，更为重要的是，新标准为工程教育的系统化发展提供了坚实基础。至今，多所全球知名学校已成为 CDIO 的成员，其中机械系和航空航天系全面采用 CDIO 工程教育理念和教学大纲，并取得了良好效果，按照 CDIO 模式培训的学生也备受社会与企业欢迎。CDIO 培养大纲将工程毕业生的能力分为工程基础知识、个人能力、人际团队能力和工程系统能力 4 个层面，要求以综合的培养方式使学生在这 4 个维度上都能达到预期的水平。

二、CDIO 理念在我国的发展

自 2005 年开始，汕头大学工学院在顾佩华教授的领导下，开启了对 CDIO 工程教育模式的研究和实践。2006 年，汕头大学成为我国首个加入 CDIO 的学校。该大学的教育改革旨在加强学生的系统工程技能训练，特别是在项目构思、设计、实施和运作方面的能力，同时培养学生的自主学习、组织沟通和协同合作能力，以此吸收国际上前沿的工程教育思想，构建与国际工程教育共识相一致的课程体系。

汕头大学在进行 CDIO 改革的同时，重视职业道德教育。因此，工学院推出了 EIP-CDIO 这一创新的培养策略。其中，EIP 代表的是道德（ethics）、诚信（integrity）和职业性（professionalism）。EIP-CDIO 旨在将职业伦理和诚信教育与 CDIO 理念相结合，以培养高层次的工程专家。这种方法注重个人品行与工作实践的融合：通过实际工作来培养个人品行，而工作的成功则需要良好的个人品质作为保证。除此之外，EIP-CDIO 还强调人文教育的影响，以使培养出的工程师不仅拥有高尚的职业道德、诚实守信的品质和强烈的责任心，还具备出色的项目开发、设计、建设能力，具备创新思维、团队合作能力和领导力，以及良好的沟通能力和英语表达能力。

作为首家全面采用 CDIO 模式的中国学校，汕头大学的五个工科专业都根据 CDIO 大纲和标准进行了教育革新，推出了以"设计为核心"的 EIP-CDIO 模式，重点培养学生的工程创新能力和人文及职业道德素质。

黑龙江科技大学在 2009 年底选择软件工程专业作为试点，开展了 CDIO 工程教育的改革。该校提出了 MPE-CDIO 的工程教育理念，这一理念将其教育理念——大德育、大实践、大工程——与 CDIO 完美结合。在此模式中，M 代表道德（moral），强调学生应具备出色的社会责任和职业伦理；P 代表实践（practice），鼓励学生将理论知识运用于实践，培养其专业和非专业能力；而 E 则代表工程（engineering），强调在实践中培养学生的工程思维，使他们在任何项目或实验中都能养成系统化的工程习惯。

近年来，CDIO 试点学校在推动 CDIO 工程教育改革上取得了显著成效。在深入探讨 CDIO 模式的过程中，这些学校对工程教育改革的策略和途径进行了重新的思考，并在人才培养计划、课程结构、教学方式、实际操作环境以及评估方法等领域进行了局部的再设计，同时从多个角度研究 CDIO 的中国化、本土化和特色化。目前，CDIO 理念被广泛应用于改进教学活动，例如通过制定科学、合理和可操作的教学大纲、人才培养方案、课程标准和项目体系来促进教育行业的发展。这种模式鼓励了校内外合作、教育研究以及系统化的教师培训。它还解决了理论教学与实践教学之间的脱节问题，通过激发学生的学习兴趣和自主性，避免了教育的标准化和形式化。它通过整合产品和系统的全生命周期，建立了一体化、相互支撑和有联系的专业培养标准和课程体系，让学生能以主动和实践的方式学习工程。

第三节 CDIO 理念一体化课程设计

CDIO 理念主张通过一体化的方式，使教育过程更加贴近真实的工程实践，帮助学生形成从理论到实践的完整知识结构。一体化课程设计的核心特征在于它不再是孤立的、单一的课程单元，而是一个系统化、整合的体系。在这个体系中，各个学科之间存在有机的联系，它们相互支撑、相互促进。这种设计不仅有助于增强课程之间的内在联系，还能够确保学生在学习过程中获得的知识和能力能够形成一个完整的、有机的体系。根据 CDIO 理念，一体化课程设计的总体思路是从实际工程需求出发，确定教育目标，再基于这些目标进行课程内容的整合和优化，最终形成一个贴合工程实践、能够培养出高素质工程师的教育体系。

一、CDIO 理念的指导思想：一体化教育

从 CDIO 工程教育改革的理论研究和实践中可以发现，一体化教育是工程教育改革的指导思想：一是培养目标、培养理念与课程体系的一体化，二是课程体系、教学方法、学习方法、考核方式与持续改进的一体化，三是知识、能力和素质培养的一体化。

（一）培养目标、培养理念与课程体系的一体化

培养目标是指工程教育希望达到的结果，即培养出的工程师应具备哪些知识、能力和素质。这个目标直接决定着教育的方向和重点，以确保工程师在毕业后能够在企业和社会中胜任各种复杂的工程任务。培养理念，是指达到这些目标的教育方式和方法。在 CDIO 理念下，培养理念强调从真实的工程实践出发，通过项目化的教学方式，让学生在实际操作中学习和应用知

识，培养实践能力和创新思维。课程体系是实施培养理念、达到培养目标的具体手段。一体化的课程体系要求在课程设置、内容、教学方式上都与培养目标和理念相一致，确保所有课程都为学生的全面发展服务。

工程教育旨在培养能够在商业和社会背景下主导新产品、新过程或新系统开发的工程师。为此，教育应该围绕这类工程师所需的知识、技能和品质进行。工程师的专业性较强，兼具理论与实践两重属性。理论知识注重分析，而工程实践则着重于综合能力，这在工程教育中形成了一种持续的张力。自 19 世纪工程教育诞生以来，它的焦点一直在理论与实践之间摇摆，由当时的时代背景和实际工程需求来决定，而并没有一个永久不变的教育理念。而从培养有创新精神的工程师的角度出发，注重实践的培养方式对现代工程教育至关重要。

随着科技的快速发展，现代工程实践所需的知识基础日益扩展。与此同时，工程项目变得越发复杂，对工程师的技能和品质的需求也随之提高。在有限的培训时间内，如何有效地为工科学生提供全面教育，使其在理论与实践之间达到平衡，成了工程教育的一大挑战。应对这一挑战，关键在于对理论与实践的课程体系进行整体性的规划与考量。这一整体规划的核心是明确工程教育的培养目的，即培养能够在商业和社会背景下领导产品、过程或系统从构思到实施的工程师。为实现这一目标，课程体系的设计应确保理论和实践课程相辅相成，满足学生在工程应用和技能培养上的需求。同时，课堂内外的活动都应涵盖个人技能、团队协作以及产品、过程、系统构建等方面的培训，并确保教师与学生都清晰了解这些培养目标，以提高教育的效果。

（二）课程体系、教学方法、学习方法、考核方式与持续改进的一体化

一体化课程设计强调将课程体系、教学方法、学习方法、考核方式以及持续改进紧密地结合在一起，确保每个环节都围绕明确的培养目标来展开。

明确、细致的培养目标为这种一体化教学设计提供了坚实的基础。目标的明确、细致，使宏观的教育目标能够顺利地在每一个教学和学习环节中得以实施。构建目标实现的矩阵，可以清晰地展现这些目标是如何在教学大纲中得到体现的，同时为学科间的交融和课程结构的优化提供明确的指导，从而防止在课程设计中无目的地增加或减少内容。而且，培养目标的具体、易测量，有利于更好地探讨各种教学和学习方法，从而进一步促进工程教育研究的深入和教学方法的多样化。

课程体系是教育的基石，教育者需要根据培养目标对课程体系进行规划和设计。教学方法需要满足这些目标的需求，并确保学生掌握必要的知识与技能。学习方法则需要与学生的成长和个性相适应，帮助他们更有效地吸收和应用所学知识。考核方式不仅要真实、公正地反映学生的学习成果，还要为整个教育体系提供反馈，这样可以根据评估结果进行相应的改进。持续改进则能够保证教育体系与时俱进，满足社会和工业界的不断变化的需求。

（三）知识、能力和素质培养的一体化

工程能力并非简单的"附属技能"，而是与技术知识密切相关的综合能力。例如，技术交流、团队合作、问题解决和职业道德，都需在实际的技术场景中应用和展现。这意味着教育者不能简单地通过增加课程或内容来培养这些能力，而是应该精心设计教学方法，为学生提供真实的能力成长场景。特别是交流和团队合作能力，它们需要在实践中不断重复并得到反馈，才能真正形成和加强。为了确保这些能力得到充分的培养，教育者需要将其纳入学科课程、工程实践和课外活动中，这样才能使学生在学习过程中得到更好的锻炼。这样的教学设计不仅需要教育者有明确的培养目标，还需要教育者有意识地关注学生的工程能力成长，确保所有元素都能够融为一体。

二、CDIO 理念一体化课程设计的主要特征

在我国传统的高等工程教育体系中，课程教学是主要的教学手段之一，包括理论与实践两种形式。在课程教学中，教育者往往容易忽视对学生工程能力的培养。因为传统的课程组织结构通常都是基于严格的学科知识来设计的，而非以明确的能力要求为出发点。这种基于学科的组织模式在现代教育

背景下面临着两大挑战：第一，不同学科之间的联系往往较少，课程计划中的各个主题内容缺乏有机的联系，学生难以捕捉到学科间的内在逻辑。第二，传统的课程组织方式常常让教育者面临一个两难的选择——是重视学生个人能力的培养还是更多地将知识传递给学生。这种平衡很难达到，导致在培养学生的综合能力时常常会牺牲深入的知识传授，或者在深入传授学科知识时忽视学生能力的培养。

实际上，能力培养在专业课程计划中并不是附属或次要的内容，而是与课程内容同等重要的内容，两者共同构成整体课程计划的核心部分。CDIO理念一体化课程设计摒弃了传统以学科知识为中心的模式，转而采用项目为纽带，巧妙地将课程内容与预期的学习效果紧密结合。这种设计模式为课程之间建立起了知识联系，使各门课程不再是孤立的，而是相辅相成、相互促进的。此外，这种设计还强调在课程中培养学生的个人和团队交往能力，以及对产品、过程和系统建设的综合理解和实践能力。简而言之，CDIO理念一体化课程设计将能力要求与项目内容结合起来，能够消除单纯追求知识传授与全面能力培养之间的冲突。

具体来看，CDIO 理念一体化课程设计具有以下特征。

（一）注重学科之间的有机联系

CDIO 理念一体化课程设计是以学科为核心来组织的，但对传统课程计划进行了创新性的调整，使不同学科之间形成紧密的联系和相互的补充，打破了过去学科知识孤立、相互分离的局限性。

（二）兼顾学科知识与能力培养

CDIO 理念一体化课程设计充分融合个人技能、团队协作能力和综合工程实践能力的培养，形成了一个既着重于学科知识又突出能力培养的教学体系，从而缓解了单纯追求学术知识与培养实践能力之间的矛盾。

（三）明确规定预期的学习效果

CDIO 理念一体化课程明确规定了预期的学习成果，包括学术知识、个人技巧、团队合作，以及工程实践中的产品、过程和系统建设等方面，旨在为学生未来的工程师生涯奠定坚实的基础。

CDIO 理念一体化课程借助工程原理来加深学生的应用型知识掌握，并特别重视在工程实践中所需的能力培养，利用项目化的教学手段，让整个课程体系成为一个互相联系、相辅相成的网络。这种结构确保学生所要掌握的各种知识和能力不是孤立的技能点，而是一个相互关联的、完整的知识与技能体系。

三、CDIO 理念一体化课程设计的总体思路

为了更好地培养未来工程师所必需的知识、技能和态度，CDIO 理念一体化课程设计主要围绕培养什么学生、如何培养学生和学习结果如何三大问题进行。具体来看，CDIO 理念一体化课程设计的实施流程可分为专业培养目标、培养标准、课程计划、教案与课件、质量保障体系等环节（见图 2-1）。这种课程与课程之间的整合，结合工程实践项目形成相互支撑的结构，很好地将基础知识的学习与能力的培养整合在课程的学习中。

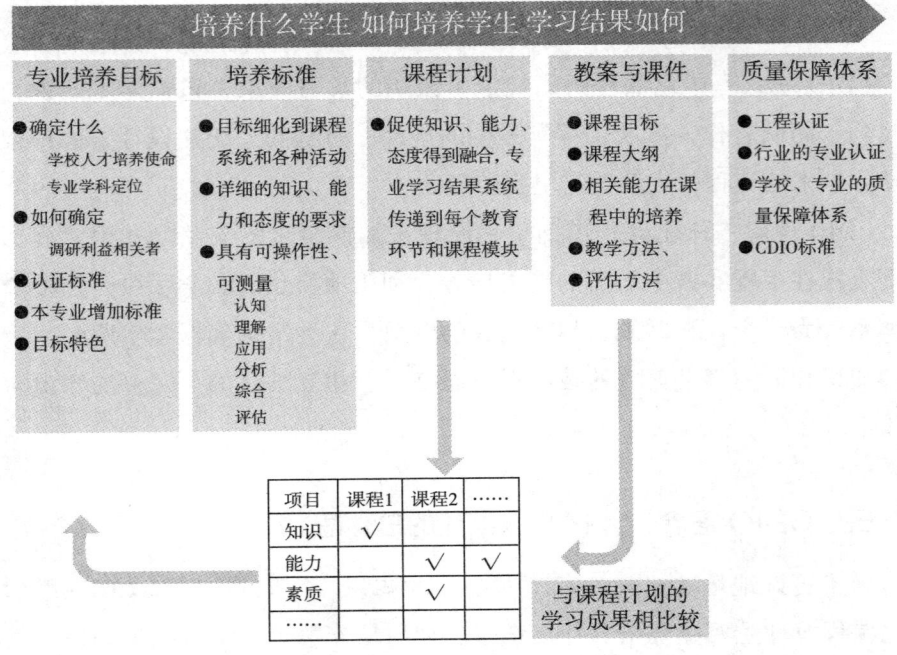

图 2-1　CDIO 理念一体化课程设计的总体思路 [1]

（一）专业培养目标

专业培养目标来自学校的人才培养使命，它是学校对于学生应当具备何种技能和知识的期望。同时，专业学科定位也为这一目标提供了必要的基调，确保学生能在特定领域获得针对性的培训。

为了使培养目标具有实际应用意义并满足真实世界的需求，教育者需要深入调研和了解各种利益相关者的观点和需求。其中，用人单位的反馈尤为重要，因为它们是学生毕业后的直接受益者；校友的建议可以为学校提供宝贵的从业者视角；教师则可以从教育者的角度为课程的合理性和实际性提供建议。此外，培养目标还可能会从其他各种来源收集反馈，以确保目标的全面性和广泛适应性。

---

[1]　顾佩华，胡文龙，陆小华，等.从 CDIO 在中国到中国的 CDIO：发展路径、产生的影响及其原因研究 [J].高等工程教育研究，2017（1）：24-43.

教育者在确定专业培养目标时，需要参考一些已有的认证标准，使学生接受的教育能够满足特定行业或领域的标准和期望。当然，每个专业都有其独特之处，因此，教育者还需要对通行的认证标准进行一些调整。这些专业特有的标准可以确保学生在某些特定领域获得更为深入的培训。

（二）培养标准

培养标准是将培养目标细化到课程系统和各种活动当中，明确规定课程系统和各种教育活动应实现的具体学习结果。它提供了详细的知识、能力和态度要求，为教育者和学生提供了明确的学习路径。在 CDIO 理念下，知识不仅仅是学生需要掌握的理论和概念，还包括与之相关的实际应用和实践知识；能力则涉及学生在某一领域中的实际操作能力，如团队合作、沟通技巧和解决问题的能力；态度则关乎学生的价值观、道德观念和职业素养。

为了使学习结果更具可操作性和可测量性，培养标准通常会采用一些特定的认知水平描述，如认知、理解、应用、分析、综合和评估。这些描述有助于明确学生应达到的学习深度和广度，并为教育者提供评估学生学习效果的标准。培养标准不仅可以用来指导学生的学习，还能够为教育者提供设计和实施教育活动的依据。当教育者在设计课程、选择教学方法或制定考核方式时，都可以参考培养标准来确保学生的学习经验与预期目标相一致。

（三）课程计划

课程计划主要涉及如何将专业学习的预期结果系统地传递到每个教育环节和课程模块中。因此，课程计划不仅关注知识的传递，还强调如何培养学生的实际能力和正确认知态度。这种融合性的学习经验有助于学生在实际工作环境中更好地应用所学知识，以及有效地与他人合作、交流和解决实际问题。为了实现这一目标，教育者要确保课程内容与学习目标相匹配，这样学生在学习过程中可以获得与职业生涯相关的知识和技能。此外，教育者需考虑如何将理论知识与实际应用结合起来，使学生在实践中得到真正的锻炼。另外，教育者也需要关注如何通过不同的教学活动和方法来增强学生的学习体验，如组织项目式学习、团队合作、实地考察、实验室实践等。采用的教学活动和方法应能够较好地培养学生的实际操作能力、团队合作精神和解决实际问题的能力。

（四）教案与课件

教案与课件的设计，首先要基于明确的课程目标。这些目标不仅包括学生在完成课程后应获得的知识，而且包括他们应具备的技能和态度。因此，教案与课件不仅要传达专业内容，还要考虑如何培养学生的创新思维、解决问题的能力、团队合作和职业道德等。具体到教案，它是教师进行教学的蓝图，主要为教师提供结构化的教学流程。教案中有明确的课程大纲，以及每个课时的主要内容、教学方法和评估方式。它还强调如何在课程中培养学生的相关能力，使教育更加实践和应用导向。例如，一个教案可能会指导教师使用案例分析法来培养学生的解决问题能力和批判性思维能力。课件则主要为教学提供视觉支持，帮助学生更好地理解和吸收内容。在 CDIO 理念下，课件需要包括真实的工程案例、模拟演示和互动元素，以刺激学生的兴趣，增强他们的学习体验。此外，教育者在设计教案与课件时，也要考虑到与课程计划的学习成果进行比较，以确保教学内容和方法与培养目标相一致，使学生在整个学习过程中都能获得系统、深入的教育。

（五）质量保障体系

质量保障体系包括一系列的政策、程序、流程和资源，是确保教育过程的质量与最终的教学成果都达到预期目标的重要支撑要素。在 CDIO 理念一体化课程设计中，质量保障体系主要包括工程认证，行业的专业认证，学校、专业的质量保障体系，CDIO 标准等。

工程认证特指对学校工程学科教育项目进行的评估，以确定其是否满足某些既定的教育标准和行业要求。这些标准通常涵盖课程内容、教学方法、学生评估、师资队伍、设施和其他资源，以及学生的学习成果等多个方面。学校可以通过工程认证展现自身的教育质量，为利益相关者提供一定参考。

行业的专业认证是一种证明个人或组织在特定行业或领域中具备所需的专业技能、知识和能力的形式。这种认证通常由行业内的权威组织或协会颁发，旨在确保符合行业标准、规范。行业的专业认证可以为特定的专业或学科提供一种评估机制，确保其教育内容、教学方法和资源都与行业标准和实践相符。这有助于学校确保其课程内容的实用性和相关性，使学生更好地为职业生涯做准备。

　　学校、专业的质量保障体系则是一个更为综合的框架，它涵盖从课程设计、教学方法到评估和反馈的所有环节。学校、专业的质量保障体系强调持续改进，鼓励定期审查和更新教育策略，确保其与行业和社会的最新需求相匹配。

　　CDIO 标准也可以为一体化课程设计提供明确的指导方针。这些标准描述了工程教育中应该达到怎样的具体目标和结果，如何将理论与实践相结合，以及如何为学生提供一个全面、综合的学习体验。通过遵循这些标准，学校可以确保教育过程与 CDIO 理念保持一致。

　　整体来看，CDIO 理念一体化课程开发，以产品、过程和系统作为主要框架，以设计项目为主线，这种方法使学生能够将所学的理论知识融入真实的工程实践。这种结合理论与实践的教学模式不仅有助于提高学生的工程能力，而且有助于增强他们的工程素质，使他们更好地达到专业培养的标准。在 CDIO 理念下，每门课程的要求都被明确地列出，这并不是针对某位教师的主观要求，而是所有授课教师在教授这门课程时都需要遵循的标准和要求。为此，教育者需要详细设计以课程档案为中心的课程文件。这些档案应详细描述每门课程在整个专业培养计划中的位置和作用，并列出课程的属性、目标、学时、教学方法、必修的先决条件、后续相关课程、评分方式、教材及参考书籍，以及主要的学习内容和时间节点。

　　CDIO 理念一体化课程设计的特点在于它的应用性与综合性——通过实际的工程概念加深学生对应用知识的理解，同时在工程实践中突出技能的培训和重要性。按照这种设计原则，整个课程体系在 CDIO 理念下被系统地组织起来，形成了一个完整的知识和技能体系，这能够保证学生在学习过程中获得的知识和技能是相互关联并且完整的。

第四节　国内外 CDIO 理念的实践案例

在 CDIO 理念的指导下，无论是国内还是国外，许多学校和教育机构都进行了大胆的尝试和实践，希望以此提升工程教育的质量和适应性。本节将深入探讨国内外 CDIO 理念的一些具体实践案例，以呈现 CDIO 理念在实际应用中的效果与价值。

一、美国麻省理工学院的课程与教学改革

麻省理工学院是位于美国马萨诸塞州剑桥市的一所私立研究型大学，其历史可追溯至 1861 年，建校初衷是回应工业化进程中对新型教育模式的需求。麻省理工学院长期被视为全球顶尖的高等教育机构之一，并在工程、物理、数学、经济学及多个跨学科领域持续取得卓越的学术成果。

麻省理工学院在工程教育领域的杰出成就和深远影响已被全球公认。作为工程教育改革的领导者，麻省理工学院不仅推动了一系列创新性的教学策略，而且为世界各地的高等教育机构提供了可资参考的模式。其中，麻省理工学院推动的 CDIO 改革在课程改革、教学改革、实践环节加强以及实验室建设等多个层面进行了深入探索。这种全方位的教育改革视角旨在确保学生不仅掌握坚实的理论知识，还能将这些知识运用到实际工程场景中，从而更好地为未来的工程师职业生涯做好充分准备。

（一）课程改革

1. 将通识课程与专业课程相结合，培养全面发展的人

在当今的工程领域，除了专业知识和技能之外，工程师还需要具备跨学科的思考能力、团队合作和沟通能力、解决复杂问题的能力等。这就需要在传统的工程教育中加入更多的通识教育元素。麻省理工学院正是认识到了这一点，因此在其课程设计中，不仅仅强调专业知识的学习，更重要的是尝试

将通识教育融入整个教学体系。通识课程为学生提供了一个更广泛的知识体系，帮助他们建立起对世界的全局认识，从而更好地理解和应对来自各个领域的问题。而将通识课程与专业课程相结合，则能够确保学生在深入学习专业知识的同时，也能够培养出跨学科的思考和创新能力。

为培养出全面发展的工程人才，麻省理工学院将通识教育与专业课程进行了有机融合，旨在确保学生在深化专业知识的同时，也能够拥有广泛的文化修养和跨学科的知识体系。一方面，在课程设置中加入通识教育课程，如文学、哲学、社会学等，以确保学生能够获得全面的教育。另一方面，将通识教育的内容融入专业课程，如在工程设计课程中加入关于人文和社会背景的学习，确保学生在学习专业知识的同时，也能够掌握对于未来工作至关重要的技能，了解到这些知识在更广泛的背景下的意义和价值。

2. 增设导论性课程，搭建课程体系的框架

新生入学时常对所选专业充满好奇和期望，但也可能对其具体研究方向和发展前景知之甚少。为了引导学生正确、深入地理解所学专业，并激发其学习兴趣和主动性，麻省理工学院引入了一系列导论性课程，作为学生接触专业的第一门课。这些导论性课程的设计与常规的入门课程有所不同。它们不仅可以为学生提供一个学科的基本概览，而且通过一系列生动、实际的例子和项目，展示该学科的前沿研究和应用。这种教学方式能够帮助学生迅速建立起对学科的整体认识，刺激他们的好奇心，激发他们对所学专业的真正热情。例如，在该校工程学院导论性课程中的实验和项目设计往往包含真实的工程问题，学生需要在教师的指导下，运用所学的基本原理，结合实际情境，寻找解决方案。

课程体系是教育理念的直接体现——麻省理工学院的课程体系结构强调理论与实践的平衡，注重学生综合素质和能力的提升。针对每个专业，麻省理工学院都设定了一套核心课程，这是每个学生在该专业必须完成的课程。这套核心课程确保学生掌握其专业的基础知识和技能。除传统的学术知识外，麻省理工学院的课程设计还特别关注学生技能和能力的培养，例如批判性思维、团队合作和沟通能力。因此，在麻省理工学院课程体系中，还有多

个跨学科项目和课程供学生选择。

3. 创建具有挑战性的实验课程，培养学生整体操作能力

麻省理工学院强调将理论知识与实际应用相结合。实验课程不再只是为了验证某一理论或原理，而是为学生提供一个实际的场景，让他们在实践中应用所学的知识。在这些课程中，学生需要面对真实世界的问题，这迫使他们进行创新思考，运用跨学科的知识，并与团队成员合作。通过这些实验课程，学生不仅要负责产品或系统的设计和建造，还需要考虑其生命周期、可持续性以及与环境和社会的关系。这意味着学生不仅要深入理解技术细节，还要懂得如何将这些技术与更大的系统和环境相结合。在这一过程中，教师的角色也发生了变化。他们不再仅仅是知识的传授者，而是成为学生学习和研究的指导者和伙伴。他们提供必要的工具和资源，指导学生如何进行研究和创新，并在学生遇到困难时为其提供支持。

4. 在课程中整合设计、沟通、团队协作等能力的培养

为了应对日益复杂的工程挑战，工程师需要具备一系列的跨学科技能，其中包括设计、沟通和团队协作等。因此，麻省理工学院在其课程改革中，特别强调这些技能的整合和培养。

整合设计的能力要求学生从大局出发，将所学的知识和技能应用于实际的工程项目中。麻省理工学院在 CDIO 改革中，为学生提供广泛的实践机会，让他们能够在真实或模拟的环境中设计和实施解决方案，帮助学生加深对学术知识的理解，使他们能够学会如何在实际工作中运用这些知识。此外，工程师需要与多种背景的团队成员、管理层、客户以及其他利益相关者沟通。为此，麻省理工学院在课程中加入了大量的写作、演讲和讨论环节。学生需要撰写技术报告、进行项目展示，并与团队成员和教师进行深入交流和讨论。这些活动旨在帮助学生提高他们的沟通技巧，使他们能够更有效地传达复杂的工程概念，并具备应对现代工程挑战所需的全面能力。

（二）教学改革

1.要求教师在教学中采用多种主动学习和经验学习的方法

麻省理工学院在推进 CDIO 模式时，对教学方式赋予了新的定义和内容，要求教师在教学中采用多种主动学习和经验学习的方法。主动学习是一种以学生为中心的教学方式，它要求学生在学习过程中积极参与、探索和互动。这种方法远远超出了传统的听课和记笔记的范畴。在 CDIO 模式中，教师会设计能够促使学生主动思考、提问、探索和解决问题的课堂活动。这样的课堂环境促使学生更加深入地理解知识，更加灵活地运用所学，而不仅仅是被动地吸收信息。经验学习则是强调学生通过实践、体验和反思来学习的一种教学方法。学生不只是在教室里学习理论知识，还要在真实或模拟的环境中，通过实践来应用和体验这些知识。通过经验学习，学生可以更加直观地理解复杂的概念，更加深入地掌握技能。

2.提高教师的教学和评价能力，在学科教学中融入知识、能力和态度教育

麻省理工学院在推进 CDIO 模式的过程中，注重提高教师的教学和评估能力，将知识、能力和态度的教育整合到传统的学科教学之中，以达到更为全面和高效的教育效果。

麻省理工学院鼓励教师参加各种研讨会、讲座，并为教师提供了一系列的资源和工具，以提高他们的教学方法、策略和技能，帮助他们更好地设计和实施课程。此外，传统的评价方法往往侧重于知识的掌握程度，而忽视了能力和态度的培养。在 CDIO 模式下，评价不仅要关注学生的知识掌握，还要考察他们的实践能力、沟通和团队协作能力，以及对工程职业的态度和价值观。为了实现这一目标，麻省理工学院鼓励教师采用多种评价方法，如项目评价、小组讨论、反思日志和同行评价等，以使评价内容更为全面和客观。在 CDIO 模式下，为融合和实施知识、能力和态度的教育，教师不仅要教授学科知识，还要设计各种活动和任务，帮助学生将所学应用于实际情境，培养学生的实践能力。同时，教师还需要通过团队合作、项目管理和沟

通技巧的训练，培养学生积极的态度和价值观。

3. 注重学生个性的培养，采用因材施教的教学

每个学生都有其独特的学习方式、兴趣和天赋。为了确保教育能更好地适应不同的学生，麻省理工学院注重学生的个性化需求，希望每一个学生都能在学术和职业生涯中实现其最大的潜能。因此，麻省理工学院的教学改革不再局限于单一的教学方法或内容，而是寻找如何更好地满足每个学生的个性化学习需求。为此，麻省理工学院推出了一系列的措施。例如，麻省理工学院鼓励教师与学生进行更加深入的交流，了解学生的兴趣和需求，从而设计更加合适的教学计划和方法。同时，麻省理工学院也提供了各种平台和资源，如研究项目、实验室和实践机会，为学生提供多种选择，使他们能够根据自己的兴趣和特长进行深入的学习和实践。此外，麻省理工学院在教学策略上也做出了相应的调整。传统的教学方式往往是一种固定的模式，而在 CDIO 模式下，麻省理工学院鼓励教师采用更加灵活和多样化的教学方法，确保教学内容和方式能够更好地适应不同的学生，例如项目式学习、小组讨论、案例分析等方法。这些方法不仅能够激发学生的兴趣和热情，还能够培养他们的批判性思维、解决问题的能力和团队合作精神。

4. 广泛收集反馈信息，及时调整教学计划和内容

为了确保教育的质量和适应性，麻省理工学院采用了多元化的方式来收集反馈信息。这些反馈不仅来源于学生，还包括教师、行业伙伴和校友等多个方面。通过这种方式，麻省理工学院可以全面地了解其教学方法和内容在实际应用中的效果，并有针对性地进行调整。

学生的反馈是这一过程中的关键组成部分。麻省理工学院定期进行学生评教，对课程、教材和教学方法等进行评价。这些评价提供了关于教学效果和学生满意度的宝贵信息，使麻省理工学院能够及时了解存在的问题并进行相应的调整。除此之外，麻省理工学院还通过各种渠道，如小组讨论、项目汇报和个人咨询等，与学生进行深入的交流，了解他们的学习需求和困惑。同时，麻省理工学院还与行业伙伴和校友保持紧密的联系，了解他们对毕业生的期望和反

馈。这种反馈对麻省理工学院来说是非常宝贵的，因为它能够帮助麻省理工学院了解其教育在实际应用中的效果，以及如何更好地满足行业的需求。

基于这些反馈，麻省理工学院不断地调整其教学计划和内容，确保它们与人们的实际需求和期望保持一致。这种调整并不是一次性的，而是一个持续、迭代的过程。这样持续的改进使麻省理工学院能够及时应对各种挑战和变化，提供更加高效和有针对性的教育。

（三）加强实践环节

麻省理工学院采用了以设计为中心的教学方法，使学生更容易理解理论知识，培养创新思维和解决实际问题的能力。在这种教学模式下，理论教学和实践教学被紧密地整合起来，使学生能够在掌握理论的基础上，进行实际的设计和创新。课程设计环节不仅要求学生将所学的理论知识应用到实际的工程设计中，而且要求他们参与项目的各个阶段，如拟定设计方案、询价、成本估算、制作和检验等。这种全方位的实践训练，使学生能够更好地理解工程的整体流程，培养综合素质和团队合作能力。在毕业前的工程实践环节中，学生需要完成一系列工作，从项目的起始阶段到完成阶段。这种实践经验不仅能够使学生将所学的知识应用到实际工作中，而且能够培养他们的独立思考和创新能力。

（四）注重实验室建设

在 CDIO 模式的推进过程中，麻省理工学院特别重视实验室建设的完善和更新，充分认识到高水平的实验室对于实践教学和学生技能培养的重要性。CDIO 模式强调在实际环境中进行构思、设计、实施和运作，这对实验室环境提出了很高的要求。为了满足这一要求，麻省理工学院利用其雄厚的科研经费，在全球范围内投入大量资源进行先进实验室的建设和设备的更新。这些实验室不仅为学生提供了实践操作的场地，还为学生提供了与实际工业环境相接近的学习经验，帮助他们构思新系统，深入理解用户的实际需求，并发展概念设计。

麻省理工学院秉承的教育目标是培养能在工业界、政府部门和教育机构中发挥领导作用的工程师和研究者。这样的目标赋予麻省理工学院严格的质量要求和与时俱进的人才培养理念。CDIO 模式正是这种培养理念的生动体现，它凝聚了麻省理工学院的前瞻性战略视野、创新精神和实践能力。正是这种持续的创新和不懈的追求，使麻省理工学院在全球工程教育领域始终保持着领先地位，并对工程教育及工业的未来发展产生深远的影响。

二、成都信息工程大学的教育教学一体化改革

成都信息工程大学是四川省和中国气象局共建、四川省重点发展的省属普通本科院校。学校创建于 1951 年；1956 年改制为中央气象局成都气象学校；1978 年升格为本科院校——成都气象学院；2000 年学校由中国气象局划转四川省，更名为成都信息工程学院；2001 年原隶属国家统计局的四川统计学校整体并入；2015 年更名为成都信息工程大学。学校是国家首批卓越工程师教育培训计划试点学校、国家中西部学校基础能力建设工程建设学校、国际 CDIO 组织正式成员。

成都信息工程大学结合自身实际情况，借鉴 CDIO 高等工程教育理念和模式，在全校范围内推行了"以专业建设为主线的教育教学一体化改革"，并形成了教育教学一体化改革的创新人才培养体系，该体系主要由创新教育课程、创新实践环节、创新理论研究与人才培养三部分组成。其中，创新教育课程包括公共（通识）基础必修课程（人文类基础系列课程、数理基础系列课程、计算机基础系列课程、工程基础系列课程等）、学科基础系列课程、创新理论与发展系列课程；创新实践环节包括创新实验与实训（计算机方向系列实验、专业方向系列实验等）、创新活动（创新应用与设计开发系列活动、企业实训系列活动、社会实践系列活动、创新大赛等）；创新理论研究与人才培养包括创新理论与方法研究、创新人才培养与管理、与国内外学校交流合作等。

成都信息工程大学在实施 CDIO 培养方案时，深知需要对原有的课程体系、结构和内容进行彻底的革新。在这一背景下，成都信息工程大学明确了

其教育改革的方向，提出了以角色为核心的改革策略，旨在满足电子信息类学生将来可能的职业需求。为此，成都信息工程大学设定了三类职业角色，分别为系统架构师、设计师和应用工程师，确保学生能够针对实际需求进行专业训练。另外，成都信息工程大学将工程师的职业训练定为教育的主要导向。成都信息工程大学通过设立不同等级的工程项目，如一级项目、二级项目和三级项目，为学生提供了团队式的训练机会。这样的项目结构，使一级项目的子系统成为二级项目的基础，而二级项目涉及的功能模块则成为三级项目的核心。这种分层的项目结构确保了学生在工程基础知识、个人能力、团队合作能力以及工程系统能力等方面得到全面的培训。在课程体系的构建上，成都信息工程大学将其划分为应用系统、功能模块、基本单元三个层次，形成了一个明确的学习路径。这种结构化的课程设计，以应用系统、功能模块、基本单元为纽带，确保了学生的学习内容连贯、有序，并与实际工程需求紧密结合。这种全面而有深度的教育策略，旨在为未来的工程领域培养出更多专业、高效的人才。

具体来看，成都信息工程大学的做法具体包括以下几点。

（一）改革课程体系，培养具有创新意识的专业人才

在追求卓越教育的路上，成都信息工程大学以培养具有创新意识的专业人才为己任，对传统的课程体系进行了深入的改革。成都信息工程大学以其明确的人才培养定位为指引，即期望毕业生能够德智体美全面发展，具备坚实的基础知识、强大的实践能力，以及创新的思维方式。为实现这一目标，成都信息工程大学结合了 CDIO 教育理念和模式，打造了全新的人才培养方案。

为确保学生能够掌握坚实的基础知识，成都信息工程大学在课程体系中开设了公共或通识基础必修课程。其中包括：人文类基础系列课程，让学生在技术学习的同时，也能了解和欣赏人类文明的丰富遗产；数理基础系列课程，确保了学生具备强大的逻辑思维和数学建模能力；计算机基础系列课程，使学生掌握现代技术发展的前沿技术和知识；工程基础系列课程，培养

学生的实际操作和实践能力。在此基础上，成都信息工程大学进一步设置了学科基础系列课程和专业系列课程，旨在为学生提供更加深入的专业知识和技能。此外，为了让学生能够将所学知识应用于实际，成都信息工程大学特别强调实验教学与工程实践的重要性。成都信息工程大学鼓励学生参与各类课外科技创新活动和社会实践，从而锻炼其团队协作和实践创新的能力，完善其综合素质。这一课程体系不仅能够确保学生的基础知识得到充分的培养，而且有助于培育他们的实践和创新能力，为他们走向未来社会和工业界打下坚实的基础。

（二）实施课程过程考核制度

单纯依赖课程结束时的终结性考试难以全面评价学生的学习状态、知识掌握程度和个人素质。为此，成都信息工程大学引入了课程过程考核制度，目的在于为学生提供一个更加公正和全面的评价体系。

这一改革打破了传统的"满堂灌"教学模式，使教学不再是单向的知识传递，而是与学生之间的互动更为紧密。课程过程考核制度不仅仅关注学生的最终考试成绩，而是把重点放在了学生的日常学习、课堂参与、小组合作和实际操作等多个方面。这种方式的好处在于教师能够及时捕捉到学生学习过程中出现的问题，为他们提供及时的反馈和指导，从而帮助学生及时调整学习策略、克服学习困难。此外，这一考核方式也对教师自身提出了更高的要求。为了能够准确地评价学生的学习情况，教师需要在教学内容、方法和手段等方面进行持续的改革和创新，确保教学活动更具针对性和实效性。这不仅有助于提高教学质量，还促使学生更加积极地参与学习，更好地掌握和应用所学知识，真正实现了教与学的双向互动和共同进步。

（三）工程实践教学中贯穿创新能力的培养

要在日益激烈的科技竞争中站稳脚跟，学生不仅需要扎实的专业知识，还需要能够推翻常规、勇于尝试的创新精神。因此，成都信息工程大学从低年级开始就着手培养学生的创新和创业思维，以及团队协作和工程师的职业素质。工程实践课程则是学生能够体验到从理论到实践转化的关键。成都信息工程大学通过工程实践课程来培养学生的自主学习和实践操作的习惯，并在这一过程中注重学生创新思维的启蒙和锻炼。成都信息工程大学采用项目驱动的教学模式，让学生不仅仅是跟随既定的课程框架学习，而是鼓励他们自主寻找问题、提出解决方案、培养和提升自身创新能力。此外，成都信息工程大学还积极举办各类活动，如创业大赛、新技术讲座和社团活动等，为学生提供一个广阔的舞台，让他们能够在真实的环境中展现自己的创新思维和创业才能。

（四）建设创新人才基地

成都信息工程大学在实施CDIO培养方案时，重视创新人才的培养基地的建设，强调实践与创新的紧密结合。成都信息工程大学筹建了创新实验中心，用以激发学生的创新思维，为他们提供足够的空间来挖掘和培养创新意识。在这里，学生可以自由地探索、实践和创造，完全沉浸在他们的创新项目中。此外，成都信息工程大学也重视教学体系的构建，确保理论与实践的紧密结合，培养学生具备坚实的专业基础知识、合理的知识结构以及出色的创新和实践能力。为此，成都信息工程大学设计了"基础—综合—再研究—创新"的多层次教学流程，使学生在掌握基础知识的同时，逐步培养自身分析和解决问题的能力，充分发挥出自己的创新精神。

（五）建立人才培养模式多样化和实践性的教学体系

成都信息工程大学积极创新课程体系，使学生不仅能够掌握丰富的专业理论和技术知识，还具备利用现代技术处理实际问题的实际应用能力。这样的课程设置，旨在培养学生的创新思维，并使他们能够有效地应用所学知识来进行设计和开发。

在具体的教学实践环节上，成都信息工程大学明确地将其分为课内和课外两大领域。课内实验实践细化为学科基础课实验、专业课实验以及集中性的教学实践三个部分。学科基础课实验覆盖了各类学科基础，包括计算机、电工电子技术和工程技术，这些课程旨在确保学生掌握专业的核心理论和技术。专业课实验则针对各个专业方向进行有针对性的实验和实践。集中性教学实践环节涵盖了从课程设计到工程实践再到毕业实习和设计的过程，全面培养学生的实际操作和应用能力。除了课内的教学活动，成都信息工程大学也注重课外的科技和社会实践。这其中包括社会调查、学术讲座、科技竞赛、企业实习、学术研究，以及专业技能培训等多种形式，以帮助学生开阔视野，增强实践能力，并为其未来的发展打下坚实的基础。

（六）课内和课外相结合，培养学生工程实践和创新能力

围绕课程体系和教学内容的改革，成都信息工程大学建立了由教师团队、学生团队及校外导师团队共同组成的创新应用及设计开发联盟。这个联盟强调大力开展课外科技活动，以培养学生的创新思维、团队合作、组织协调、人际交往和工程实践等多方面能力。同时，成都信息工程大学采纳了将理论学习与动手实践相结合、正式课程与非正式学习环境相结合，以及考核与激励相结合的策略，目标是培养出既具备高素质又有广泛能力的复合型人才。此外，成都信息工程大学还推出了"课外学分"制度，为学生提供一系列课外科技和社会实践项目的机会。例如，学生可以参与教师和研究生的科研或教改项目、校外企业的实际训练、社会实践活动、英语及专业认证考试、各种学科竞赛、学术论文写作、课外科技活动、外语培训以及应用开发培训等。通过课外学分活动，学生有机会深入"学研产"三方面的实践，从而拓宽视野、提升能力，并从以教师为中心的学习模式转变为以学生为主体的学习方式。

三、南京工程学院的"五化"教育改革

南京工程学院是一所具有百年办学历史、深厚工科底蕴、鲜明应用特色的江苏省属普通本科学校，是教育部"卓越工程师教育培养计划"和"CDIO工程教育改革"首批试点学校、国家机电控制类人才培养模式创新试验区、全国产学研合作典型学校、全国创业孵化示范基地。在CDIO教育理念的指

导下，南京工程学院以培育杰出的工程师为核心使命，坚持"五个注重"，即注重专业核心能力培养、注重学生社会责任培养、注重工程实践能力培养、注重创业创新能力培养、注重大学生个性化培养，并实施"五化"教学改革，创新工程教育模式。该校的"五化"工程教育改革主要包括以下内容。

（一）课程体系模块化

为了更好地实现教学目标，南京工程学院不仅仅依据培养标准来设置课程，还深入挖掘课程之间的内在关联，采纳了一体化的设计理念。南京工程学院将课程整合为有机联系的模块，从而在课程设计上压缩了传统的讲授时间，增添更多的实践环节，为学生提供更加完整和系统的学习体验。

（二）师资构成多元化

南京工程学院重视师资的构建，结合了培养、引进和外聘三种师资力量的构建方式，使其更加多元化。南京工程学院邀请企业领域的专家以及其他学校的知名教授到校担任兼职职位，为学生提供贴近实际的教学内容；鼓励并安排教师到企业中进行实地培训，以加深教师对行业的理解和认识。为了保障教学质量，南京工程学院还大力引进了一批高水平的专业人才，与校内教师形成优势互补的师资队伍，共同为学生提供优质的教育。这样的"双师"结构能够确保教师队伍既有深厚的学术背景，又具备丰富的实践经验。

（三）项目教学系列化

南京工程学院对传统的教学方法进行了革新，引入了项目驱动的教学模式。这种模式将实际工程项目与学术教育紧密结合，形成了一个从简单到复杂、由低级到高级的项目教学系列。每一个项目都是经过精心设计的，以满足不同学期、不同学年和不同阶段学生的学习需求。

这种教学方法背后的思路是，让学生在实际的项目中体验和掌握理论知识的应用。与其孤立地学习理论，不如在实践中感知和理解。例如，对于初学者，他们可能从一个简单的工程任务开始，如基础的电路设计或编程。随着他们逐渐掌握基础知识和技能，更为复杂的项目逐渐展现在他们面前，例如系统集成或复杂的工程设计。通过项目教学系列化，南京工程学院希望学生可以逐步地，而不是突然地，被介绍到工程领域的各个层面。当学生从一个项目过渡到下一个更高级的项目时，他们会发现自己之前学到的知识在这里同样适用，只是需要在更高的层次上加以应用。这种循序渐进的学习过程，使学生更加自信地面对新的挑战，更加灵活地运用所学知识解决实际问题。同时，项目驱动的教学模式能够为学生提供丰富的实践机会。他们不再是被动地接受知识，而是主动地去探索、实践、解决问题。在这个过程中，学生的实践能力、分析问题和解决问题的能力都可以得到锻炼和提高。

（四）学习评价多样化

单一的考试评价方式不能全面反映学生的学习效果和能力培养。为了让评价更为客观和全面，南京工程学院积极探索并引入多种评价方法，例如笔试、答辩、课程论文和现场答辩等。

传统的考试方式往往过分强调知识的记忆与再现，而多样化的学习评价方法更注重学生的综合能力和实践应用。笔试作为一种传统的评价方式仍然被保留，但不再是唯一的评价手段。在笔试之外，学生的课程论文、项目答辩、实际操作演示等都成为评价学生学习效果的重要依据。答辩是一种检验学生深入思考和口头表达能力的有效方式。在答辩中，学生需要对自己的学习成果进行陈述和阐述，面对教师和同学的提问和挑战，展现自己的独立思考和批判性思维能力。课程论文则能够展现学生对知识的理解、分析和应用，体现他们的研究能力和写作技巧。现场答辩与操作演示更是考验学生实际操作能力的重要形式。不同于笔试和论文，它们更加注重学生的实践应用能力。例如，在工程实践中，学生需要根据实际情况设计方案、解决问题，并在现场展示自己的成果，这无疑是对他们综合素质的一次全方位考察。这种多样化的学习评价方法不仅能更全面地评价学生的学习效果，还可以引导学生改变学习方法，促进他们从被动学习转向主动探索。学生不再仅仅是为了应付考试而学，而是真正地为了掌握知识、提高能力而学。

（五）科技活动普及化

南京工程学院积极构建科技活动平台，其中包括从国家级到校级的多层次竞赛体系。这样的体系设计鼓励学生从基础级别开始，逐渐攀升到更高的水平，进而挑战全国范围内的科技竞赛。为了进一步吸引学生的参与，南京工程学院出台了各种激励政策，为参与者提供所需的支持和鼓励。这些政策不仅包括奖励和荣誉，还有对其后续学习和研究的支持。与此同时，南京工程学院与企业建立了合作伙伴关系，充分利用这些企业所带来的实践教学资源。这些资源为学生提供了宝贵的实践机会，让他们能够将理论知识与实际应用相结合，更好地锻炼自己的实践能力。此外，南京工程学院还将参与科技或学科竞赛作为其培养体系的一个重要组成部分。这意味着，学生参与这些活动不仅仅是为了锻炼或获得奖励，更是他们毕业的一个必要条件。这样的设置无疑提高了学生对科技活动的重视程度，并鼓励他们更加主动地参与其中。

四、实践经验小结

纵观国内外学校的具体做法，可以发现，在应用 CDIO 理念时需要注意以下几点。

第一，更新教师教育观念。教师在推动教育创新、更新教育观念中扮演着至关重要的角色。为了引导并推动教师走向这个方向，学校需要投入大量的精力，特别是在教师的工作评价上。一个完善的评价标准可以激励教师更主动地参与教育改革。

第二，以一体化的思维为导向。学生的培养可以视为一个系统性的项目。当进行 CDIO 工程教育模式改革时，学校要从一个宏观的视角出发。这意味着，学校应围绕专业培养目标合理设计课程，同时明确每个课程的目的、内容以及在整个培养体系中的作用。此外，课程间的关联性也应被明确。

第三，培养学生对工程环境的认知能力。学生是教学活动的主体，他们对工程环境的认知和工程意识的素养直接体现着教育的成果。从入学之初，教师就应鼓励学生培养对实际工程的兴趣，深入了解工程的基本概念，并开始学习以工程的视角来观察和思考问题。这种视角的培养可以帮助学生更好地理解理论知识与实践应用之间的联系。

第四，重视学生的实践经验。通过实际的工程项目，学生可以更直观地了解到工程的全过程，从需求分析、设计、实施到测试和维护。这种实践经验可以帮助学生更好地融会贯通理论知识，同时培养对产品、过程和系统的构建能力。随着学习的深入，学生应当被鼓励参与更为复杂的工程项目，或者与来自不同领域的同学合作，以培养他们的跨学科合作能力。这种合作可以帮助学生更好地理解工程环境中的多样性，培养团队合作和沟通能力。

第五，过程管理和量化考核需配套。如何在整个教学过程中进行有效的管理和评价是一个挑战，但也是成功的决定因素。为了确保每位付出努力的教师和学生都得到应有的认可和回报，需要有一个切实可行的考核与管理体系。

第六，提供一系列完备的保障措施。虽然当前学校的教育教学改革在诸多方面都进行了有益尝试，但大多数在根本上都依赖于教师的自觉执行，对教师教学效果的评价、对学生能力提高的界定都难以量化。解决这些问题不仅需要过程管理与量化考核体系，而且需要完善一系列保障措施，使教师的主观能动性得到有效发挥，进而提高教学质量。

第三章 CDIO 理念在电子商务教学中的应用

第一节 CDIO 理念融入电子商务教学的必要性

在现代社会，电子商务以其便捷、高效的特点，迅速成了全球商业活动的主流方式之一，深刻地改变了人们的生活和消费习惯。伴随这一变革，对电子商务人才的需求也日益增加，而传统的教育模式不能很好地满足这些需求。因此，如何适应这种新的商业环境，培养出真正能够适应电子商务行业并为其注入新活力的人才，已经成为学校教育面临的紧迫问题。CDIO 理念为电子商务教学提供了新的思路和方向。它强调将真实的工程实践融入课堂教学，使学生在完成构思、设计、实施和运作的过程中，更好地培养实践能力和创新思维。CDIO 理念融入电子商务教学的必要性体现在以下几个方面。

一、满足电子商务行业需求的必然选择

电子商务行业发展迅速，蕴藏着巨大的发展机遇和挑战。而电子商务专业人才是驱动这一产业发展的核心力量。然而，电子商务四大领域——B2B、B2C、O2O 以及移动电子商务——对人才的需求都有其独特性，而传统的人才培养模式不能很好地满足这些领域的实际需求。因此，在电子商务教学中融入 CDIO 理念很有必要。CDIO 理念强调不仅要关注学生的知识储备，还要重视学生的实践能力和综合素质。它围绕构思—设计—实施—运作全周期进

行课程设计，鼓励学生在学习理论知识的过程中与实际工作相联系，以培养出真正符合市场需求的电子商务人才。以 B2B 电子商务和 B2C 电子商务为例，虽然 B2B 电子商务行业的人才需求相对稳定，但 B2C 电子商务行业，特别是众多传统企业纷纷涉足网络零售业务时，对于懂得如何结合线上线下、能够熟练应用新技术的人才的需求很大。在 O2O 电子商务领域，尽管部分网络团购网站出现裁员现象，但其背后反映出的是行业对于更为专业、更具竞争力的人才的追求。此外，移动电子商务领域随着移动终端设备的普及，对于能够掌握移动端开发和运营的专业人才的需求也呈现出急迫性。

这些变化都在向人们传达一个信息：传统的人才培养模式不能很好地满足电子商务行业的实际需求。而 CDIO 理念可以为电子商务教学提供一个新的方向，它注重实践，鼓励创新，强调跨学科的交流与合作，有助于培养出真正适应电子商务行业、具备高度综合素质的人才。因此，为了更好地满足电子商务行业的人才需求，学校有必要深入理解并积极引入 CDIO 理念，构建新的、更为贴合实际的电子商务人才培养模式。

二、实训资源优化配置的客观需要

电子商务作为现代经济的一大动力，需要大量具备实际操作和创新能力的人才。部分学校为满足这一需求，纷纷加大了在实验实训基地的投入。而面对有限的投入和广阔的实训领域，如何做到资源的合理利用与配置，成了一个亟待解决的问题。

电子商务实验实训基地作为重要的实践教学平台，其存在的价值正是让学生更好地理解和应用电子商务的相关知识。CDIO 理念的引入，有助于学校、教师和学生共同明确实验实训基地的功能定位，使其真正发挥出应有的作用。例如，通过项目化的教学方式，学生可以在真实的电子商务环境中进行操作，这样既可以增强学生的实践经验，又可以避免对实验实训资源的浪费。

在电子商务教学中融入 CDIO 理念，需要学校间更加开放和信息共享。当各学校都拥有各自的特色和优势时，开放共享的教育环境不仅能提高资源使用效率，还能使学生得到更全面的培养。限制实验实训资源只供校内学生使用，从长远看，实际上是制约了学生潜能的发挥和学科的发展。开放与共享资源，不仅可以让学生接触到更加丰富和完备的实训环境，还能引导他们跳出固有的框架，实现跨领域、跨校区的合作与交流。这样的环境，无疑对于培养学生的创新思维和实际操作能力大有裨益。因此，CDIO 理念融入电子商务教学，符合现代教育改革的初衷，也是对未来社会、经济发展需求的积极回应。

三、系统性课程体系建设的迫切需求

随着社会经济的发展和科技的进步，电子商务行业呈现出前所未有的繁荣态势。各类新业态、新模式层出不穷，对应地，行业对电子商务人才的需求也日益旺盛。这对高等教育机构提出了新的挑战——要培养出既具有扎实理论基础又能够迅速适应行业变化、积极创新的应用型人才。

电子商务教育正在经历一个从传统的理论导向转变为实践导向的关键时期。而 CDIO 理念为电子商务教学提供了一种全新的指导思路。CDIO 理念强调在课程设计中注重构思、设计、实施和运作等全过程的教学内容，鼓励教育机构针对不同的学科特点和学生需求，制定出更为科学、合理的课程体系。电子商务教育中存在的问题，如课程体系的零散性和实践教学的缺失，实际上反映了当前教学模式与电子商务行业的实际需求之间存在的差距。为了更好地满足行业的需求，应当对现有的电子商务教学模式进行深入的反思和创新。电子商务的本质是跨学科、跨领域的，它涵盖了商务、技术、法律、管理等多个领域的知识，因此，电子商务教学的课程体系应当具备跨学科的综合性和实践性。CDIO 理念恰好为此提供了一个理论支撑和实践路径。将 CDIO 理念融入电子商务教学，可以更好地实现理论与实践、知识与技能的完美结合，使学生在掌握专业知识的同时，也能够培养出批判性思维、团队合作、创新创业等多种复合型能力。因此，结合社会需求、应用特色和学科特点，将 CDIO 理念融入电子商务教学，不仅有利于电子商务课程体系的系统性建设，而且可以更好地服务社会，培养出更加优秀的电子商务人才。

系统性的课程体系建设，意味着从宏观到微观，从理论到实践，所有的课程内容都需要进行整体规划和设计。这种规划不仅要考虑到学科内部的逻辑关系和发展趋势，还要考虑到学科与社会、产业、技术等外部环境之间的互动和影响。这种整体规划，可以使学生在学习过程中既能够获得系统的知识结构，又能够形成完整的能力体系。

第二节　CDIO 理念在电子商务教学中的应用意义

在当今快速发展的信息时代，电子商务已经渗透到社会的各个领域，成为连接全球经济的重要桥梁。随着电子商务行业的不断演变，教育模式也亟须与时俱进，以满足新的职业要求和技能需求。CDIO 理念作为一种现代化的教育思想，可以为电子商务教学提供全新的方向。它注重整合传统教育与实践应用，以培养出更加符合行业发展需要的高质量人才。CDIO 理念融入电子商务教学的意义体现在以下几个方面。

一、培养实践型人才

实践型人才是指那些在专业领域内能够熟练运用所学知识解决实际问题、具备较强的动手能力和实际操作技能的人才。具体到电子商务专业，实践型人才不仅能够掌握电子商务的基础理论，还能够将理论应用于实际工作。他们能够根据市场趋势和用户需求制定相应的策略，为企业带来实际的商业价值，推动电子商务业务的持续发展。

在电子商务教学中应用 CDIO 理念，有助于培养实践型电子商务专业人才。因为 CDIO 理念强调在教学中融入真实的构思、设计、实施和运作环节，使学生在学习的每一个阶段都能够深入实践，以真正做到学以致用。通过 CDIO 的教学模式，学生可以更加深入地理解电子商务业务的各个环节，更好地把握电子商务市场的脉搏，从而获得更深入的见解乃至真正带来实际的商业价值。此外，实践型人才更容易融入团队，与团队成员合作解决问题，从而发挥出更大的效能。另外，CDIO 理念强调结果导向，这意味着学生不仅要完成任务，还要确保其成果能够满足电子商务行业的实际需求。这种以结果为导向的教学模式，有助于培养学生的主动性和责任心，使他们更加注重实际效果，更具备解决实际电子商务问题的能力。

二、促进跨学科学习

电子商务作为一个高度综合性的学科，涉及的内容既有商业策略，又有信息技术，还涉及法律、经济、市场营销等多个领域。因此，电子商务教学对于跨学科的融合有着必然的需求。而 CDIO 理念在电子商务教学中的应用，有助于促进跨学科学习的深入发展。

应用 CDIO 理念的电子商务教学更加注重实际情境的模拟和实践，而在实际情境中，单一学科的知识往往难以满足解决问题的需要。例如，当学生在模拟一个电子商务项目时，他们不仅需要使用电子商务的理论知识，还需要运用市场营销的策略来吸引顾客，使用信息技术的知识来建立和维护网站，还可能需要法律知识来处理交易中的法律问题。这种真实情境的模拟，使学生不得不跳出原有学科的框架，去主动探索和学习其他学科的知识。此外，在团队项目中，一般每个成员都有自己的专长，而他们需要学会与不同背景、不同专业的团队成员有效沟通，从而吸收和利用团队中的多学科知识。如此一来，在电子商务教学中应用 CDIO 理念，不仅能够让学生更好地理解其他学科的内容，还能够培养他们的跨学科沟通和协作能力。在电子商务这个高度复杂的领域中，单一学科的知识难以满足实际应用的需要，而跨学科学习正是解决实际应用问题的关键。将 CDIO 理念融入电子商务教学，不仅可以为学生提供更多跨学科学习的机会，还有助于培养他们在真实工作环境中处理复杂问题的能力，为他们的未来职业生涯奠定坚实的基础。

三、增强学生的创新意识

传统的教学模式重视知识传授，但在当前这个快速变化的时代，这样的教学模式不能很好地激发学生的创新意识。电子商务环境中，每一个环节，无论是市场定位、产品设计、营销策略还是后期服务，都蕴藏着无数的创新机会。CDIO 理念鼓励学生深入这些实际情境，识别问题，并在寻找解决方案的过程中，积累经验，培养创新能力。与此同时，CDIO 理念强调团队合作，注重团队成员间的讨论，从而培养他们的集体创新意识。CDIO 理念提倡的实践导向教学方式，能够使学生在学习过程中深刻感受到知识与实践、理论与实际的关联，从而激发他们深入思考、不断尝试的欲望。这种对知识的实践性探索，正是创新意识的核心所在。

四、打造全过程的教学体系

电子商务作为一个跨领域的专业，涵盖了从计算机技术、市场营销、供应链管理到金融交易和客户服务的诸多方面。这种跨学科的特性要求电子商务教育不能仅停留在某一单一领域，而应该有一个全面、系统的教学视野。CDIO 理念作为一种先进的教育思想和方法，可以作为构建全过程教学体系的有力工具。在电子商务教学中融入 CDIO 理念，学生将有机会体验真实的商业环境，体验从网站设计、在线营销策略到支付系统配置等各个环节。这种沉浸式的学习体验能够使学生在真实环境中将理论知识转化为实践操作，加深对知识的理解，提升应用能力。学生不再是被动接受知识的容器，而是可以参与到产品或服务的全生命周期中，体验从构思到上市的各个阶段。

在电子商务教学中融入 CDIO 理念，打造全过程的教学体系，能够让学生在实践中学习，更好地理解和掌握各个学科之间的联系。例如，在学习网站设计时，学生需要考虑如何更好地展示产品、吸引客户，这就涉及市场营销知识；而在研究在线支付时，学生又需要掌握金融交易的相关技巧。

五、加强教育与行业的联系

CDIO 理念注重与实际产业界的合作，这种合作模式可以使学校的电子商务教学与市场需求更为紧密地联系在一起，帮助学生更快地融入职场，同时促使教育内容与方法更加贴近实际。

在现代社会，电子商务不仅影响着消费者的购物习惯，而且改变了商业的运作方式和企业的经营策略。为了使学生能够适应这种快速变化的市场环境，电子商务教育的内容和方式都需要进行相应的调整。而与行业紧密联系，可以使教育者及时了解到行业的最新动态、技术进步和市场需求，从而更为精准地调整教学策略和内容。通过与行业的深度合作，电子商务教育能够引入更多真实的案例、项目和挑战。学生在实际的业务场景中学习和实践，既能加深对理论知识的理解，又能锻炼实际操作和解决问题的能力。更为重要的是，这种与行业紧密结合的教学模式，能够帮助学生建立起对行业的真实认知，从而为其将来的职业生涯打下坚实的基础。同时，行业的反馈可以为学校提供宝贵的建议和指导，帮助学校优化课程结构，提高教学质量。行业的支持和资源可以为学校带来更多的教育资源和机会，如高质量的实习实训机会、先进的技术和设备等。

第三节　CDIO 理念在电子商务教学中的应用基础

随着电子商务的持续发展和日益增长的市场需求，传统的教学方法已经难以满足当下高素质电子商务人才的培养需求。为了应对这一挑战，越来越多的教育机构开始探索并实践基于 CDIO 理念的电子商务教学。基于 CDIO 理念的电子商务教学不仅需要对课程内容和方法进行创新，还需要确保这些创新能够在实际教学中得到有效的实施和应用。

一、创新电子商务课程教学的构思

电子商务教学融入 CDIO 理念过程中，教学的构思环节对于教育的质量与深度具有决定性影响。在整个教学过程中，构思环节为后续所有活动奠定基础，涉及课程的核心目标、内容与形式。创新电子商务教学的构思环节，更多的是强调与实际业务和技术发展的结合，追求的不只是知识的传授，更多的是为学生提供一个完整的、结合实际的学习经验。

在此背景下，教育者需要对原有的教学内容进行深度剖析，评估电子商务课程与当下行业的联系。教育者应该深入研究行业的最新趋势、技术应用以及市场需求，使课程内容与市场保持同步，为学生提供前沿的知识体系。

例如，随着大数据、人工智能和区块链技术在电子商务中的广泛应用，教育者需要在构思时将这些元素纳入教学大纲。同时，教育者在构思环节应该注重培养学生的综合素质。除了基本的电子商务知识，教学内容还要涵盖跨学科的知识，以使学生更好地理解电子商务的全貌，具备从多个角度解决问题的能力。

二、强化电子商务课程教学的设计

在电子商务教学中融入 CDIO 理念过程中，在设计环节，教育者应当根据学生的学习进度和需求，灵活调整教学内容和方法，使教学更具吸引力和实效性。因为教学设计不仅仅是课程内容的排布，更多的是如何将知识与实践相结合，使学生在学习中能够体验到真实的业务场景。

教育者应注重整合各学科的知识，构建一个多维度、立体的学习体系。例如，在教授在线支付技术时，教育者可以引入金融、安全和用户体验的知识，使学生对该技术有一个全面的了解。同时，为了使学生更好地理解和应用知识，教育者需要重视实际应用场景的模拟。教育者可以设计基于真实业务场景的项目任务，让学生团队合作完成，进而锻炼学生的团队协作能力，使他们在完成任务的过程中，将所学知识应用于实际场景，体验从问题发现到解决的全过程。此外，教育者还需要与时俱进，紧跟电子商务领域的最新发展。随着新技术、新模式的不断出现，教学内容和方法都需要进行相应的调整和更新。例如，随着社交化电子商务的兴起，教育者可以将其纳入教学内容，并设计相关的实践活动，使学生对这一新兴领域有深入的认识。

三、注重电子商务教学案例的实施

基于 CDIO 理念，电子商务教学不再仅限于传统的知识传授，而是转变为以实际业务流程为导向的实践性学习。在实施环节，教育者需要选择与实际业务紧密相关的案例，使学生在解决真实问题的过程中，深化对电子商务理论的理解并加强实际操作能力；同时，鼓励学生主动寻找和分析案例，以培养他们的独立思考和问题解决能力。

电子商务涵盖了一系列复杂的业务流程和交叉学科知识。通过精选的实际案例，学生可以更直观地理解如何将所学知识应用到实际业务中，从而达到"以用促学"的效果。例如，分析一次真实的线上购物交易，可以帮助学生全面了解从商品搜索、选择、支付到物流配送的整个流程。另外，案例的选择和实施要求教育者具有前瞻性和敏感性，紧跟电子商务的最新发展和趋势。随着社交化电子商务、直播带货等新模式的出现，电子商务模式在不断地演变。对此，教育者需要选择具有代表性和启示性的案例，使学生能够及时了解和适应这些变化。在实施案例教学的过程中，教育者还要鼓励学生主动参与，进行批判性思考，不停留在案例的表面，而是深入分析案例背后的逻辑、策略和决策过程。例如，在分析电子商务平台的一次营销活动时，除了了解活动的具体内容和效果，教育者还要引导学生进一步思考其背后的市场策略、消费者行为等因素。

四、加强教学设计方案的实际运作

在实际运作阶段，教育者应将学生所学知识和技能与实际电子商务环境相结合，通过实习、项目合作等方式，让学生在真实环境中运用所学。此外，教育者要注重学生的反馈，根据学生的学习效果和需求，持续优化和调整教学方案，确保教学内容与实际电子商务行业的发展同步，并为学生提供更多的实践机会。

教育者在制定教学设计方案时，不应仅停留在理论层面，更要考虑如何让学生在真实环境中体验和操作。这需要教育者深入了解电子商务的实际业务流程，与行业内的专家进行深入交流。教育者需与电子商务领域的专家建立紧密合作的关系，对学生的学习成果进行深度评估，并给予明确的反馈和建议，指导他们优化知识结构。在这一实际运作中，所有学生的参与都是必要的，因为这样的参与经验对于提高他们的实际操作技能、表达技巧、交往沟通能力和团队协作精神都具有不可替代的价值。

第四节　CDIO 理念在电子商务教学中的应用策略

在电子商务教学中应用 CDIO 理念时，教育者要基于市场需求设定清晰的人才培养目标，根据这些目标，设计电子商务课程的教学内容与方法，积极采取校内实验与校外实习相结合的教学模式，让学生在真实的商业环境中应用所学。

一、明确基于市场需求的人才培养目标

在当代社会，电子商务既是经济发展的一个重要领域，又是技术与创新的交汇点。为了应对这一发展快、变化快的行业，电子商务教育应走在时代的前列，紧跟行业动态，为学生提供与市场同步的教育体验。

教育者要基于国家的人才发展战略、社会对人才的实际需求、学校在电子商务领域的专业特色，以及学生自身的综合素质和能力发展，设计课程。CDIO 理念鼓励教育者走出传统的教育模式，将理论与实践紧密地结合，以使学生更好地适应市场的实际需求。

在数字化的现代社会中，电子商务已经渗透进各个行业，成为企业和个人日常生活中不可或缺的部分。因此，对于电子商务专业的学生来说，他们所需要的不是单一领域的知识，而是跨学科的综合能力。他们需要深入学习管理学、经济学、计算机科学以及外语交流的知识，并在此基础上，学会将这些知识应用到实际的工作实践当中，包括网站网页设计、网站建设维护、企业商品和服务的营销策划、客户关系管理以及电子商务项目的管理与活动策划等多个方面。具体来说，基于市场需求的电子商务专业人才的培养目标主要包括以下四个方面的内容。

（一）专业能力

此处的专业能力是指学生在电子商务领域具备的知识体系和实际操作能

力。对于电子商务专业的学生而言，他们不仅要掌握计算机技术和管理学知识，还需拥有对电子商务应用的深入理解。专业能力的核心就是将理论知识转化为实际操作，为实际问题提供有效的解决方案。

在电子商务教学中应用 CDIO 理念，需要重视实践和操作的重要性。CDIO 理念鼓励学生从真实的商业环境中寻找问题，再结合自己所学，提出有创意的解决方案。也就是说，相比于传统的电子商务教学培养目标，CDIO 理念更为注重培养学生在实践中的操作技能。例如，当学生在分析电子商务实际问题时，他们需要运用所学的计算机科学和管理学知识，而不仅仅停留在理论上。此外，电子商务不仅仅是科学和策略，更多的是人与人之间的沟通。因此，在电子商务教学中应用 CDIO 理念，需要将人际沟通能力作为培养目标之一。无论是与客户、供应商的沟通还是在团队成员之间，有效的沟通都是确保业务顺利进行的关键。总之，为了培养出真正适应市场需求的电子商务人才，教育者在制定电子商务人才培养目标时，不能忽视专业能力这一核心要素，要让学生具有较强的人际沟通能力、电子商务应用能力，能运用计算机科学、管理学及电子商务等方面的理论知识和操作技能分析和解决电子商务实际问题。[①]

（二）管理与团队合作能力

此处的管理与团队合作能力是指学生掌握并能应用的一系列管理与合作技能，旨在高效地运营电子商务项目、促进团队间的协同工作，以实现商业目标。为了满足电子商务市场对人才的实际需求，教育者在电子商务教学中应当将管理与团队合作能力作为核心的培养目标之一。

管理，在电子商务中是一个全方位的概念。从项目启动、需求分析到项目完成，再到后期的运营和维护，都需要有效的管理知识来支撑。而电子商务的复杂性，更使管理成为项目成功与否的决定性因素。为了确保项目的顺利进行，电子商务专业的学生需要掌握如何将各个分散的资源整合为一个高

---

① 周海花，尹楠，顾颖菁.CDIO-OBE 视角下的电子商务专业人才培养方案的探讨 [J]. 电子商务，2020（5）：77-78.

效、有序的整体，而这正是管理的核心所在。然而，仅仅依靠管理是不足够的，由于电子商务项目往往涉及众多的角色，如设计师、开发者、市场人员等，因此，团队合作显得尤为关键。能够以团队观念进行项目设计、开发和实施，意味着每一个成员都能为团队的目标付出努力，共同为项目的成功而努力。而这种团队合作的观念，不仅仅体现在项目实施过程中，更是体现在日常的学习和研究中。采用 CDIO 理念进行电子商务教学，会更加注重学生的实际操作能力和项目经验。在这样的教学模式下，学生将经常面对实际的项目场景，这无疑为他们提供了一个练习管理与团队合作能力的好机会。通过这样的教学方式，学生不仅可以学习到理论知识，而且能够在实际操作中锻炼自己的管理与团队合作能力。

（三）综合素养与职业规范

此处的综合素养与职业规范是指学生在电子商务领域中具有的有效沟通、判断和决策的能力以及良好职业道德与行为规范。

综合素养强调思维敏锐、语言表达清晰、良好的分析问题的能力以及良好的写作技巧。例如，电子商务中的统计分析能力使学生能够从大量数据中提取有价值的信息，为决策提供支持；逻辑思维能力可以帮助学生在面对复杂的商业问题时，条理清晰地进行思考，为解决问题提供合理的方案。职业规范则强调学生在电子商务领域的职业行为应当遵循职业道德与行为规范。例如，遵守相关的法律法规，尊重客户和同事，避免利益冲突，确保数据和信息的安全性等。良好的社会公德和职业道德不只是电子商务领域，也是任何一个行业的基本要求。当今市场对电子商务专业人才的需求不仅仅限于专业知识，还希望他们具备上述综合素养、遵循职业规范。因为只有这样，企业才能相信它们雇佣的人才能够在日常工作中展现出高效、专业和道德的行为。因此，在电子商务教学中运用 CDIO 理念，教育者应当明确地将综合素养与职业规范列为培养目标之一，并结合实际教学活动，为学生提供足够的机会来锻炼和提高这些能力。

（四）终身学习与可持续发展能力

此处的终身学习与可持续发展能力是指学生持续自我发展与不断适应行业变革的能力，对可持续发展的认识与承诺，以及国际视野。终身学习是指学生毕业后仍然具备自主学习、探索新知识和技能的意愿和能力。在快速变化的电子商务领域，新的技术、商业模式和市场策略层出不穷。具备终身学习能力的电子商务人才则可以及时更新知识、保持竞争力，并适应市场的变化。可持续发展理念在电子商务教学中强调的是商业实践对社会、经济和环境的长期积极影响。电子商务专业的学生应该认识到，商业成功不仅仅是短期的经济利益，还包括对环境和社会的贡献。因此，在做决策时，要充分考虑其长期效果，确保资源的合理利用，以及业务活动对社会和环境的积极影响。国际视野则要求学生能够跨越文化和地域差异，理解全球市场的动态和挑战，并能在多元化的环境中有效工作。随着经济全球化和数字化的加速，企业更加重视能够持续学习、创新、考虑全球市场和持续发展的人才。在此背景下，教育者运用 CDIO 理念开展电子商务教学时，应强调培养学生的终身学习与可持续发展能力，注重培养学生的学习习惯、批判性思维和跨文化交流技能。

二、设计 CDIO 课程教学内容与教学方法

（一）教学内容

依托基于 CDIO 理念电子商务教学的人才培养目标，教育者要在课程项目的构思、设计、实施、运作过程中，明确学生技能的培养目标，具体包括基础知识、专门技能、综合实践等各个方面。CDIO 理念强调培养学生的实践技能，因而电子商务课程内容要以实际项目为核心，并将专业知识、必要的技能与职业素质的培养目标纳入其中。为了更好地实现培养目标，电子商务课程需要增加多样的实验和实践项目，让学生在实际操作中学习和应用知识。这种综合的实训方式，可以促使学生在掌握基础知识和专业基本技能之上，进一步对电子商务项目进行系统性的实际操作，从而提高自身的项目开

发实力。

设计基于 CDIO 理念的电子商务教学内容，需要从实际工作场景出发，确立与真实业务环境相一致的教学目标。CDIO 理念强调实际应用，因此在教学内容中应广泛纳入电子商务领域的真实案例，将理论知识与实际操作相结合，为学生提供模拟真实电子商务环境的学习平台。在此过程中，应注重培养学生的创新思维和解决实际问题的能力。电子商务涵盖的领域较为广泛，包括市场营销、客户关系管理、供应链管理等多个子领域。在设计教学内容时，应针对这些子领域制定具体的教学模块，同时注重跨领域知识的融合，使学生能够全面理解和掌握电子商务的运作机制。此外，CDIO 理念还强调跨学科的合作，因此可以邀请其他学科（如计算机科学、数据分析）的专家参与电子商务的教学，为学生提供更加宽广的学习视野。

（二）教学方法

在电子商务教学中应用 CDIO 理念，应将学生置于真实或模拟的业务环境中，通过实践、分析、交流和团队合作，培养他们的综合素质和职业能力。模拟真实的电子商务场景，让学生参与到商业决策、网站设计、市场分析等活动中，可以帮助学生更好地理解和掌握理论知识。例如，教育者可以设计一个电子商务项目，要求学生从选品、市场定位到推广策略一步步构建，体验整个流程。教育者还可以选择电子商务领域的成功或失败案例，让学生进行深入分析，找出其背后的原因，并基于此提出自己的建议或策略，以此提高学生的批判性思维和分析能力。教育者还可以利用现代化的教育技术和工具，如在线模拟平台、VR（虚拟现实）技术等，为学生提供真实和直观的学习体验，帮助他们更好地理解和掌握电子商务的各个环节，培养学生的实际操作技能和解决问题的能力。除此之外，在教学过程中，教育者要鼓励学生进行团队合作，模拟真实的工作环境，以培养他们的团队协作能力和沟通技巧。同时，教育者应定期组织学生与电子商务行业的专家进行交流，让学生从中得到实际的建议和指导。

基于 CDIO 理念的电子商务教学方法如图 3-1 所示。

利用校园网建设电子商务实习平台

　将科研成果引入实践教学

　指导学生利用现有资源开展专项实践活动

　采用项目驱动方式实施实践教学

　通过"间接渠道"积极开展校外实践活动

图 3-1　基于 CDIO 理念的电子商务教学方法

1. 利用校园网建设电子商务实习平台

由于校园内的师生构成了一个庞大的特定消费者群体，因此教育者可以选择周边的商家作为电子商务教学的合作伙伴。这样的交易模式具有地理上的集中性，且消费类型相对固定，只需确保商品质量和高效的物流配送，便能有效地推进校园内的电子商务活动。这种实习方式可以为学生创造一个真实的电子商务环境，从而锻炼他们的实践能力。

2. 将科研成果引入实践教学

在电子商务实践教学中，可以将科研成果融入进来。即教育者在传授知识的同时，可以向学生展示电子商务领域的最新研究成果。例如，当探讨网络营销渠道时，教育者可以结合电子商务中的信用问题，为学生详细解读如何从多个维度对网络交易平台进行信用评估，包括平台主办者的资质、网站流量统计和信用管理机制等。此外，教育者还可以向学生介绍网络实名制、信用评价以及网站的支付机制等现代电子商务工具和策略。在此基础上，学生可以模拟网络平台商、网上商家或买家的角色，探索如何进行信用管理、完成交易和处理可能出现的纠纷。这样的实际案例探讨不仅能够增强学生对于电子商务实践的兴趣，还能鼓励他们更加积极地投身于实践活动中。

3. 指导学生利用现有资源开展专项实践活动

在电子商务教学中，教育者应指导学生利用手头的资源进行具体的实践活动。当前，实践教学的改革越来越注重与互联网上真实、动态的电子商务环境相结合。在具体活动方面，学生可以在教育者指导下参与多项实践活动。例如，学生可以参与电子交易的实验，通过与淘宝、京东、拼多多等主流电子商务平台的互动，了解和学习电子交易的全流程。此外，学生可以实践电子认证和电子支付流程。对于电子商务网站的建设与开发，学生可以与当地的企业合作，实际参与企业网站的构建和维护。至于物流配送部分，学生可以通过与物流公司或网络配送平台的合作，对物流的整体流程有更为深入的了解和实践。

4. 采用项目驱动方式实施实践教学

项目驱动教学方式强调以"项目"为中心，这可以促进电子商务专业对应的关键职业能力的学习。结合此方法，教师可以更好地整合课程内容，确保其既有针对性又有实用性。

5. 通过"间接渠道"积极开展校外实践活动

仅依赖校内的实验室和课程设计可能无法完全满足学生的学习需求，因为这些活动多半是基于固定框架的理论知识实施的。它们无法直接感知企业的实际需求变化，导致教学内容可能与社会发展的步伐脱节，缺乏创新性。为此，积极推进校外实践活动是非常必要的。学生可参与实训基地的培训、获得专业技术的认证、参加全国大学生网络商务创新应用大赛等优质的校外实践机会。这些"间接渠道"不仅能够延伸和拓展学生在校内的实践经验，还是助力学生融合并应用所学电子商务技能的关键路径。这些经验对于培养学生的开放思维、激发他们的探索欲和创新精神，以及提高他们的整体素质都有着重要的价值。

三、实施校内实验与校外实习相结合的教学模式

电子商务专业与经济学、管理学和计算机科学等多种学科有着紧密联系。国内许多学校在建设电子商务专业的实践教学体系时，会综合考虑学校背景、资源优势等多重因素。有的学校以经济为核心，其实践教学体系着重于培养具有经济学视角的电子商务人才；有的学校以营销为重点，其实践教

学体系重视培养具有市场营销能力的电子商务人才；还有的学校注重信息技术的应用，其实践教学体系建设致力于培养具有开发和维护电子商务系统能力的人才，以满足社会对电子商务应用型信息技术人才的需求；还有的学校专注于管理领域，其实践教学体系旨在培养出色的电子商务管理型人才。

在 CDIO 理念下，学校要以市场需求为导向，侧重于培养实践性强、适应互联网经济及区域经济发展的人才，实施校内实验与校外实习相结合的教学模式（见图 3-2）。

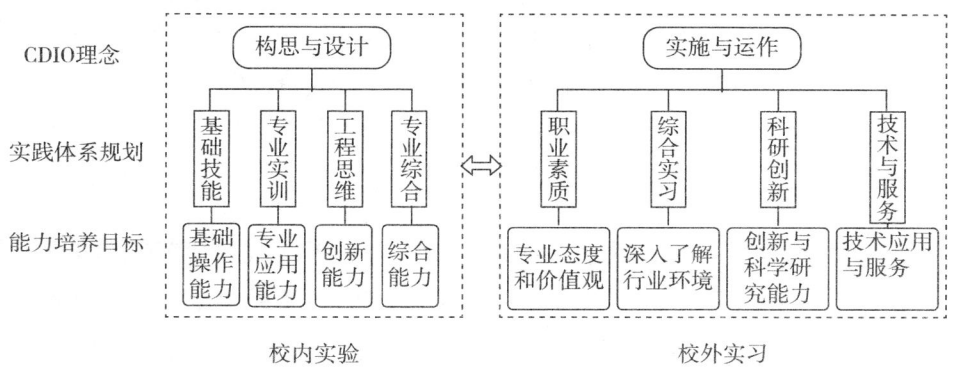

图 3-2 校内实验与校外实习相结合的教学模式

（一）校内实验

在电子商务教学中融入 CDIO 理念，学校需要以培养学生构思与设计思维为核心，以实训项目为支撑，构建"基础技能—专业实训—工程思维—专业综合"四位一体的校内实训平台。学生应理解和掌握理论知识，并将这些知识运用到实际操作和项目中，从而提升自身实际应用能力和解决问题的能力。具体来说，校内实验主要包括基础技能、专业实训、工程思维、专业综合四大板块。

1. 基础技能

基础技能部分的重点是为学生提供电子商务领域所需的基础工具和技能的培训，例如电子支付系统、数据分析工具、网站设计和建设、搜索引擎优化等相关技能的培训。此外，一些基本的 IT 技能，如编程、数据库管理以及网络安全等也需要纳入基础技能的训练环节。这些基础技能是学生进行后续专业实训和实际工作所必需的，可以使学生能够顺利地进行更深入、更专业的学习和实践。

2. 专业实训

专业实训是校内实验中重要的组成部分之一，它将学生从理论的学习带入实际的操作环境。学生需要参与真实或模拟的电子商务项目，如电子商店的建设、线上营销策略的制定、电子商务平台的开发等。在这个过程中，学生不仅能够运用所学的基础技能，还能够对电子商务的整个流程和各个环节有一个深入的了解。

3. 工程思维

工程思维方面的实践教学旨在让学生从一个更宏观的角度看待电子商务项目。这不仅仅是关于如何执行一个项目，更重要的是如何规划、如何优化以及如何解决可能出现的各种问题。学生需要学习如何从系统的角度分析和设计电子商务解决方案、如何评估不同方案的可行性以及如何进行风险管理。此外，这部分实践教学还涉及培养学生的创新思维，鼓励他们提出新的解决方案或对现有方案进行改进。

4. 专业综合

这部分是对前三部分的整合和应用。学生需要运用所学的所有知识和技能来参与更加综合、更加复杂的电子商务项目。这不仅仅是对学生知识和技能的测试，更是对他们综合素质的考验。学生需要展现出良好的团队合作、沟通以及项目管理能力，确保项目的顺利进行。

（二）校外实习

校外实习主要培养学生的实施与运作能力。深化校企合作是实现这一目标的关键途径，它不仅能让学生接触真实的工作环境，还能助力学生真正理解并贯彻 CDIO 工程教育理念，从而实现真正意义上的全过程、一体化实践教学。具体来看，校外实习主要包括四个实习职能板块：职业素质、综合实习、科研创新、技术与服务。

1. 职业素质

职业素质板块主要关注学生的专业态度和价值观。通过实习和上岗培训，这一模块旨在培养学生的职业操守，让他们能够适应不断变化的行业环境，树立强烈的职业责任感，并培养团队合作的意识。

电子商务专业的学生不仅需要掌握相关的专业知识和技能，还需要具备一系列职业素养，如职业操守、团队合作精神、对行业变化的敏感度以及责任心等。这些素养往往不是通过传统的课堂教学获得的，而是需要在实际的工作环境中不断摸索、体验和实践。通过与企业的深度合作，学生可以直接参与到企业的日常运营中，从而接触到真实的工作场景。这样的实际操作经验，让学生有机会体会到真实的职业氛围，了解到企业、岗位的职业规范和要求。例如，电子商务行业对数据的严格管理和保密要求、与客户沟通的技巧、跨部门合作的流程等，这些都是学生在实习期间需要重点掌握的内容。电子商务行业发展迅速，技术和商业模式在不断演变。学生需要具备敏锐的市场嗅觉，并根据市场趋势调整自己的职业规划。在多变的电子商务领域，每个人的工作都与团队的整体绩效紧密相关。学生需要理解到，每个人的每一个决策和行动，都会对团队乃至整个企业产生影响。

2. 综合实习

通过综合实习，学生可以直接参与到真实的市场环境中，从而消除模拟实训与真实工作之间的差异。这种真实的工作经验能够帮助学生深入了解行业的实际操作，激发他们对自己所学专业和未来职业发展的思考。

在这一过程中，学生要面对真实的市场环境，与企业中的经验丰富的员工合作，共同解决实际的商业问题。这种经验对于帮助学生深入理解电子商务的各个方面，如客户关系管理、供应链管理、在线营销策略等，都具有重要的价值。更重要的是，通过综合实习，学生可以对自己的知识和技能进行全面的检验，确认自己的长处和需要改进的地方。这也为他们提供了一个反思和调整的机会，有助于他们在未来的学术和职业生涯中做出明智的选择。只有不断反思，深入了解行业的运作机制、面临的挑战和机会，学生才能真正明确与之相匹配的职业追求和规划。

3. 科研创新

科研创新板块在校外实习中不仅仅体现了对电子商务学生的专业培训，更是对其创新思维和主动探索能力的锻炼。它不同于常规的实习模式，更加注重学生在真实环境下的研究和创新能力的培养。

在这一板块中，学生有机会在校内外教师的联合指导下，投身于真实的电子商务研究项目中。这些项目可能涉及新的技术应用、市场策略或业务模式的探索。在这样的环境下，学生不仅需要运用所学的专业知识来解决实际问题，而且需要展现出对新情境的适应能力和对问题的独立思考能力。在科研活动中，学生也有机会与业界专家进行深度交流。通过与这些专家的合作，学生可以获得宝贵的经验和见解，进一步深化自己对电子商务领域的认识。这不仅有助于提高学生的研究能力，还能够激发他们对未来电子商务发展趋势的敏感度和预见力。在此板块，教育者应鼓励学生展示自己的创新成果，例如一个全新的应用程序、一个有前景的市场策略或是一个突破性的业务模型。通过这样的展示，学生可以得到业界的反馈，获得更多的经验。

4. 技术与服务

技术与服务板块主要训练学生的专业技术应用能力。学生将被鼓励密切关注行业的最新动态，如零售模式的创新、技术的更新以及服务的优化等，从而确保自己始终站在行业发展的前沿。

这一阶段学生的主要任务是深入了解、实践和掌握新技术，并思考如何将其与服务相结合，以更好地满足市场和消费者的需求。例如，学生可能会参与到新的零售模式的技术支持中，或者为某项技术提供配套的服务方案。学生需要在此期间形成一种敏锐的市场洞察力，即时捕捉到行业的发展动向。他们应当学会观察和分析消费者的行为和需求，从而为企业提供有针对性的技术与服务建议。这不只是对技术的运用，更是对市场、消费者和技术之间关系的理解和掌握。此外，随着行业技术的不断进步，学生还要意识到技术更新的重要性。他们需持续关注新技术的出现和发展，思考如何将其融入现有的服务体系，以保持企业的竞争力。同样地，服务模式的创新也是不可忽视的一环，学生应思考如何为消费者提供更加便捷、高效的服务体验。

第四章 基于 CDIO 理念电子商务教学体系的构建

第一节 基于 CDIO 理念电子商务实践教学体系建设

一、实践教学体系概述

（一）实践教学体系的概念

实践是指个体或团体为了实现某一目标或满足某种需求而采取的具体行动或活动。实践是一个哲学范畴，是人类能动地改造客观世界的活动，不仅与外部世界密切相关，也与人类自身紧密相连。这种关系决定了学校在制定培养目标时，要重视学生实践能力的培养，并将其体现在教学活动的各个方面，从而形成与理论教学体系相对应的实践教学体系。

实践教学是教育过程中一种特定的教学方式，主要强调学生通过实际操作、参与和体验来达到学习的目的。与传统的理论教学相比，实践教学更注重学生的实际应用能力和操作技能的培养。实践教学是教育活动的一个重要组成部分，旨在使学生将所学的知识、理论和方法应用于真实或模拟的实践活动，从而加深对知识的理解、完善技能和培养创新精神。

不同学者对实践教学体系这一概念有着不同的阐释。孙跃作认为，实践教学体系是围绕人才培养目标，运用系统的理论和方法，对组成实践教学的各个要素进行整体设计，通过合理的实践课程和环节的设置，建立的与理论教学体系相辅相成、结构与功能优化的教学体系。[①] 洪柳认为，实践教学体系的概念有广义和狭义之分。广义的实践教学体系是由实践教学活动的各要素构成的有机联系的整体，具体包括实践教学活动目标、内容、管理和质量保障等要素。狭义的实践教学体系则是指实践教学内容体系，即围绕专业人才目标，在制订教学计划时，通过合理的课程设置和各个实践教学环节的合理配置，建立起来的与理论教学体系相辅相成的以实践为显著特征的教学内容体系。[②]

综合学者观点，本书认为，实践教学体系是指在教育教学过程中，针对某一学科或专业，按照一定的教学目标和要求，系统组织和设计的一系列实践教学内容、方法、手段、环境和评价机制的有机组合。它并不是实践教学的简单叠加，而是一个整体性、层次性和结构性的系统。

（二）实践教学体系的特征

实践教学体系是教育教学活动中针对实践教学进行系统化、结构化和层次化设计的结果，它对保障实践教学的质量和效果具有重要意义。一般来说，实践教学体系具有以下特征（见图 4-1）。

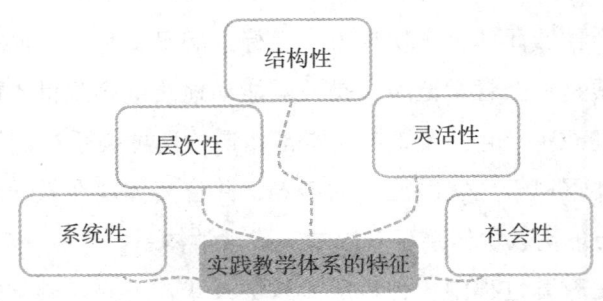

图 4-1　实践教学体系的特征

[①]　孙跃作.应用型人才培养体系建构研究 [M].武汉：华中科技大学出版社，2021：158.

[②]　洪柳.创新创业教育视域下学校公共事业管理专业实践教学体系改革研究与探索 [M].长春：吉林大学出版社，2018：101.

1. 系统性

实践教学体系不是单一或孤立的实践活动，而是一个有机的整体，其中每个部分都与整体相互关联。这种系统性体现在实践教学内容的连贯性、层次性以及教学方法和手段的综合性上。在实践教学体系中，每一部分的实践教学内容都与其他部分紧密联系，共同构建一个完整的教学框架。例如，基础实践一般涉及某些基础技能和知识的掌握，进阶实践则需要在这些基础上进行深入的应用或探索，而一些实地实习或项目一般需要学生将所学的理论知识和技能综合运用到实际工作中。这样，整个实践教学体系中的每一个环节都旨在培养学生的某种特定能力，而这些能力又相互支撑，形成一个有机的整体。

现代教学不仅要关注学生的技能训练，还要注重学生的思维方法、态度、团队协作能力等多方面素质的培养。这种全面的教学目标需要一个系统性强的教学体系来支撑，以确保学生在各个方面都得到均衡的发展。也就是说，实践教学体系并不是零散的、单一的实践活动，而是根据教育目标和教学内容，有机整合的一整套实践教学方案。

2. 层次性

实践教学体系通常包含基础实践、中级实践和高级实践等多个层次，每个层次都有其特定的教学内容、方法和要求。实践教学体系的层次性能够确保学生从浅入深、循序渐进地进行实践学习，使其不仅仅掌握专业技能，而且形成一个完整、系统的知识体系和方法论，为其未来的职业生涯打下坚实的基础。

基础实践是学生接触实践教学的初级阶段，它着重于培养学生的基础知识和基本技能，为学生提供一个对所学专业领域的初步了解。在这个阶段，学生主要学习基础知识、掌握基本技能，并形成正确的学习态度和习惯。基础实践往往以标准化、简单化的任务为主，确保学生能够在一个相对安全和受控的环境中开始他们的实践学习之旅。中级实践则着眼于深化学生的专业知识和技能，它往往涉及更为复杂和具有挑战性的实践任务。在此阶段，学生不仅需要运用所学的基础知识，还需结合实际情境对知识进行整合和应用。中级实践更加注重情境的真实性和复杂性，让学生在面对实际问题时，能够独立思考、寻找解决方案。高级实践则注重学生的综合能力和专业素养的培养。它通常涉及跨学科的知识融合、团队合作、项目管理等多方面的挑战。在这一阶段，学生需要将所学的知识和技能全面地应用到实际项目中，展现其解决复杂问题的能力和领导团队完成任务的能力。

3. 结构性

实践教学体系具有明确的内部结构和关系，各部分之间既相互独立又相互关联，形成一个有机的整体。

在实践教学体系中，各类实践活动都有明确的教学目标，而这些目标是根据学科知识、学生的学习需求和社会的需求来设定的。因此，实践教学体系注重实践教学与理论教学的紧密结合，使学生在参与实践活动时能够将所学知识应用于实际情境，加深对理论的理解。此外，实践教学体系中的各个环节之间具有一定的逻辑关系和先后次序。结构性设置使学生可以按照逐步深化的路径进行学习，确保在每个阶段都获得必要的知识和技能，为下一阶段的学习做好准备。需要注意的是，实践教学体系受到各种教学资源和条件的限制，因此教育者在设计实践活动时，往往会选择那些既能达到教学目标又能最大限度地利用现有资源的活动。这不仅可以使实践教学更为高效，还可以使学生在有限的时间和条件下获得更好的学习效果。

4. 灵活性

实践教学体系不是固定不变的，它可以根据教育目标、学科特点、学生需求和社会环境的变化进行调整和完善。一方面，教育者可以根据学生的先验知识、兴趣和能力调整实践教学体系。例如，对于那些在某一领域已有一定基础的学生，可以提供更为深入、具有挑战性的实践项目；而对于那些需要更多指导和支持的学生，可以提供更为基础、结构化的实践活动。另一方面，教育者也会基于不同学科和专业的特点，以及社会和产业的变化来调整实践教学体系。例如，随着某一新技术的发展，可能会增加与之相关的实践活动；而随着某一产业的衰退，与之相关的实践活动可能会被减少或取消。

此外，实践教学体系的灵活性还体现在对不同教学方法和手段的开放性。教育者可以根据实际情况选择合适的实践教学方式，如模拟实验、现场考察、项目合作等，以满足学生的学习需求。

5. 社会性

实践教学体系不仅关注学生在学术环境中的学习，还重视学生如何将所学应用于真实世界的复杂情境中。这种特点能够确保教学活动与社会的实际需求、文化和价值观保持一致，并为学生提供一个与现实世界相接触的平台。

实践教学体系强调与产业界、社区和其他社会组织的紧密合作。这种合作不仅能够为学生提供真实的工作环境，还能够使他们更好地理解社会的需求和期望。例如，与企业的合作可以帮助学生了解行业的最新动态和技术趋势，与社区的合作则可以使学生更好地了解社区的文化和价值观。此外，实践教学体系强调培养学生的社会责任感。在实践活动中，学生不仅需要完成特定的任务，还需要考虑到其行为对社会、环境和其他人的影响。这种对社会责任的关注能够帮助学生建立更为全面的世界观，引导学生不仅关心自己的学业和职业发展，还关心社会的进步和公共利益。

实践教学体系的社会性特点还体现在跨文化和跨学科上。在经济全球化的背景下，学生需要具备跨文化沟通和合作的能力，以应对来自不同文化背景的挑战。同时，现代社会的问题往往是跨学科的，需要多个学科的知识和技能来解决。因此，教育者在构建实践教学体系时，要引导学生与来自不同学科和文化背景的人合作，共同解决问题。

（三）实践教学体系的理论依据

实践教学体系的理论依据主要包括情境认知理论、教学做合一理论、学习迁移理论等。这些理论从不同的角度解释了实践教学的重要性和必要性，为实践教学的设计和实施提供了理论指导。

1. 情境认知理论

情境认知理论认为，人们的认知位于特定的情境之中，换言之，认知（包含系统、能力、功能和过程等方面）需要根据情境或语境来定义，它依赖于过程中的情境或语境。其中，情境是指大脑的环境，或者包含身体和身体之外的环境。[①]

知识与实践相脱离造成了知识表面化，难以运用于实践，更难以创造新知识和发明新事物，而情境认知理论正是针对这一普遍现状逐渐发展与完善的。知识的知晓需在多情境中呈现，不仅因为知识具有多面性，需从不同视角进行理解，而且因为知识的应用或创造是多维度进行的。技能的掌握需在多情境中实践，这是因为技能的迁移需要多场景运用经验的支持。

情境认知理论与传统的教育观念存在一定的区别。在传统的学习观念中，学习通常是通过记忆和重复来完成的，而情境认知理论则强调学习应该是一个有意义的、与真实世界紧密相关的过程。情境认知理论的主要观点包括：第一，知识的情境性。知识不是抽象或孤立的，而是与某种特定情境或环境紧密相关的。人们在特定的情境中学到的知识更容易在相似的情境中被提取和使用。第二，学习的社会性。学习是一个社会过程，需要与其他人的互动和合作。通过与他人合作，学习者可以参与解决问题，与他人共同建构知识。第三，真实世界的应用。情境认知理论强调在真实或仿真的环境中进行学习，这样学生可以直接将所学应用于实际情境。

依照情境认知理论，学习是一个社会化的过程，需要在特定的文化和社会背景中进行。这意味着知识不是孤立的，而是与特定的情境紧密相连的。通过实践教学，学生可以在真实的情境中学习，从而更好地理解和应用知识。此外，情境认知理论还强调学习者、学习环境和学习活动之间的互动。在实践教学中，学生不仅要与知识互动，还要与教师、同伴和真实世界的问题互动，这有助于他们更深入地理解和应用知识。

---

① 蔡苏，宋倩，唐瑶. 增强现实学习环境的架构与实践 [J]. 中国电化教育，2011（8）：114–119.

2. 教学做合一理论

教学做合一理论最早是由我国著名教育家陶行知先生提出的。按照陶行知先生自己所做的解释,"教学做合一"主要包括两层含义:一是方法,二是生活。从方法角度解读,教学做合一理论强调教学、学习与实践三者间的相互协同与融合。教学方法不应脱离实践,而学习手段则需紧扣实际操作,确保知识能够被真实运用。教学、学习与实践三者协同工作,才能构建出一个完整、有机的教育系统。在此体系中,理论知识与实际技能的融合成为不可或缺的一环。对于教师而言,其教学手法应以实践为核心,引导学生在实际操作中深化对知识的理解和应用;而学生在学习过程中也应强调实践的价值,确保知识能够真正转化为实用技能。从生活角度解读,教育者需要对教学、学习以及实践三者进行深入反思,保证这三者与日常生活相互贯通。教学做合一理论之所以颇受青睐,正是因为它既重视实践的"做",又并未忽略理论的"学"。陶行知先生认为,真正的学习并非仅停留在纸上或口头的理论,而应贴近生活,紧密结合实践。这样,学生才能真正领略知识的内涵,实现知识与技能的和谐统一。

在教育过程中,师生之间的互动和交流至关重要。对于学生来说,与教师的实践交互即是学习;而对于教师来说,与学生的实践交互便是教学。这意味着,在学习的过程中,探索新的方法和思维方式成了一个核心任务。这种积极的探索不仅能帮助学生更深入地掌握知识的本质,还能促使他们在实践中学习。这凸显了实践活动中的"做"的巨大价值。这样的"做"不只是学习的核心,也是教学的核心。简而言之,"做"构成了"教"与"学"之间的桥梁,为它们提供了一个共同的实践平台。

3. 学习迁移理论

学习迁徙是指一种学习对另一种学习的影响,或习得的经验对完成其他活动的影响。迁移不仅有助于增强解决问题的能力,而且是使学习经验更为概括和系统的关键路径,在个体能力和品格形成中起到了重要作用。学习,对个体而言,是一个漫长的过程。这个过程具有一定的连续性,即前面学习的知识会成为后面知识学习的基础。学习迁移描述了一种学习经验如何影响其他学习经验的现象。这种影响可能体现在知识获取与技能掌握上，或者是学习方法和态度之间的相互作用。每一次学习经历都与学习者的预先知识、技能和态度相互交织，因此，学习与迁移是相互关联的。迁移可以使不同的学习经验通过多种方式相互连接。另外，学习者所获得的知识可能会相互作用，且这种互动与知识的相关性成正比。当知识间的关联更强时，它们之间的相互影响也更为显著。其中，最为人们所熟悉的学习迁移体现在知识、技能领域的迁移。例如，学习加法对学习乘法的影响，或者学习汉语对学习英语的效应，这主要体现在知识领域；而骑自行车的技能如何影响驾驶摩托车的技能则体现在技能迁移中。尽管学校教育中对知识和技能的研究更为丰富和广泛，对学习态度和方式的迁移研究相对较少，但这不意味着它们不重要。学习的各个方面存在着潜在的相互作用，因此，深入了解其共性和特性是至关重要的。

延伸到理论与实践的教学领域，它们两者虽围绕同一核心知识，但采取的途径是不同的。理论教学无疑会对实践教学产生某种推动，反之亦然。而根据学习迁移理论，这种相互影响是正向的，两者互为助力，形成的整体效应超越了它们单独存在时的效果。

（四）实践教学体系的构成要素

实践教学体系的构成要素主要包括目标体系、内容体系、管理体系、保障体系和评价体系（见图 4-2）。在实践教学体系运行中，各个体系都有各自独特的角色，同时，它们之间也相互关联、共同作用，以实现实践教学的整体目标。

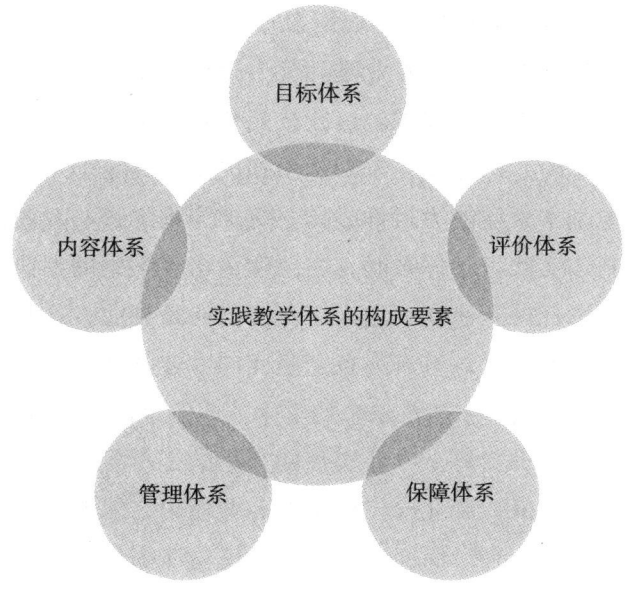

图 4-2　实践教学体系的构成要素

1.目标体系

实践教学目标体系是为了满足人才培养目标和标准，所制定的综合与各具体实践教学阶段的教学目标。目标体系作为实践教学体系的核心元素，为其他实践教学分支的内容及构造设定了基调，并在整体实践教学中发挥着一定的推动作用。在规划实践教学体系时，学校需结合学生的总体状况来设定教学目标。教学目标指引实践教学的内容和形式，同时受到教学基本规律的影响。在实践教学体系中，目标体系主要包括基本素质能力目标、专业基础能力目标、专业岗位能力目标及创新能力目标。

（1）基本素质能力目标。基本素质能力指的是学生应当掌握和具备的基础能力和综合素质。这种能力并不仅仅局限于某一专业或领域的技能，而是广泛适用于各种情境和领域的通用能力。例如，批判性思维、解决问题能力、沟通技巧、团队合作能力以及自主学习能力等。在快速发展的现代社会中，单一的专业技能很快就可能被淘汰或需要更新，而那些通用的、跨领域的基本素质能力则能帮助学生持续适应和发展。因此，学校在制定实践教学体系时，需要将培养学生的基本素质能力纳入目标体系。

（2）专业基础能力目标。专业基础能力指的是学生应当在某一特定学科或领域内掌握的核心技能和知识。这些技能和知识构成了该领域的基石，为学生进一步深入学习、研究或在未来从事相关工作奠定了坚实的基础。专业基础能力目标与基本素质能力目标相比，更加注重学科的专业性、系统性和深度。学校在制定实践教学体系时，需要注重培养学生的专业基础能力，因为无论学生将来选择深入研究、进入工作岗位还是创业，这些专业基础能力都是他们必不可少的工具。只有具备了坚实的专业基础，学生才能更好地理解和应用高级专业知识，才能在未来的学术或职业生涯中脱颖而出。

（3）专业岗位能力目标。专业岗位能力指的是学生在完成特定学科或领域的学习后，应具备某一职业岗位所需的专业能力，能够在实际工作场景中发挥专业能力来解决问题。简而言之，专业岗位能力目标关乎学生将来是否能够胜任并在某一专业岗位上表现出色。对于学生来说，学生在学校的学习和实践应能够与将来从事的职业紧密结合，这样才能确保他们在走入社会后能够迅速适应。随着经济的发展和技术的进步，各个行业都在不断地更新和演变，对人才的需求也变得更为精细和专业化。学校应跟上变化的步伐，培养出能够满足新需求的学生。因此，将培养学生的专业岗位能力纳入目标体系，是满足职业市场需求的必然选择。

（4）创新能力目标。创新能力是指学生应具备的探索新知、提出新观点、解决新问题和推动学科或行业进步的能力，例如独立思考、跨学科整合、创新解决问题的能力等。创新能力目标重视学生的独创性、批判性思维和逆向思维，旨在培养学生在未知环境中主动寻求答案，挑战既定观念，并提出和实现新的解决方案的能力。在当今这个快速发展和日新月异的时代，创新已经成为推动社会进步和保持经济竞争力的要素之一。无论是技术、文化还是商业，创新都被视为开发新产品、提供新服务和进入新市场的核心驱动力。因此，对于任何教育体系而言，培养学生的创新能力都是至关重要的。

2. 内容体系

实践教学体系的内容体系是根据实践教学的目标和要求，对实践活动中所需涉及的各个环节、知识点、技能和方法，进行有序、有逻辑的组织与安排而形成的结构。内容体系是教学目标体系的具体化，通过对各种实践教学环节（实验、实习、实训、课程设计、毕业设计、创新制作以及社会实践）的有序组织和合理配置，培养学生的基础能力、综合能力和创新能力。

具体来看，实践教学体系的内容体系主要包括以下四个部分。

（1）基础实践。这部分通常包括基础操作技能、基础实验方法和基本实践手段的学习。这些知识是每一个学生在该领域中都应该掌握的。例如，在工程学科中，基础实践部分主要包括材料的性质、机械设计原理或基本的电路知识；而在生物学领域，基础实践主要包括基本的生物化学实验、细胞生物学技术或分子生物学方法等。除了理论知识，基础实践内容还要求学生掌握与其相关的技能，例如实验技巧、仪器操作或特定软件的使用。

（2）专业实践。专业实践是针对特定专业或学科的特点，进行的深入的实践教学活动，如专业实验、项目实践等。与基础实践内容相比，专业实践更加关注特定领域的理论探索、技能应用和研究方法。例如，对于电子商务专业的学生来说，专业实践的方向主要包括电子商务案例分析、电子商务金融、电子商务企业管理等，目的是让学生对电子商务相关的专业技能有更为深入的认识，并熟悉电子商务活动涉及的实际操作。学校可以采用模拟真实工作环境的方式实施专业实践活动，如实验室研究、项目设计或与产业界的合作项目。这些实践活动不仅能够使学生将所学应用于实践，而且有助于提高学生的团队合作能力、问题解决技巧和创新思维。

（3）综合实践。综合实践是跨学科或跨领域的实践活动，目的是培养学生的综合应用能力和跨学科思维，使他们能够在实际环境中综合运用所学，解决跨学科的问题。综合实践不仅限于某一特定领域或学科，而是涉及多个领域，需要学生跨越学科界限，进行跨学科的研究和探索。这种综合性的实践活动强调问题解决的过程，而不仅仅是结果。学生需要运用批判性思维，识别问题，提出假设，然后通过研究和实践来验证这些假设。在这一过程中，他们不仅需要掌握各个学科的知识，还需要学会如何有效地组织和利用这些知识。

（4）创新实践。这一内容体系的核心在于激发学生的创新思维，培养其独立探索和解决问题的能力。它鼓励学生不满足于接受现有的知识和技能，基于对已有知识的深入理解，进行新的尝试和探索。这种探索性的学习能够使学生在面对不确定和复杂的问题时，灵活运用知识，进行独立思考，从而找到问题的答案或解决方案。学校可以通过设立多种形式的创新实践活动，如科研项目、竞赛、创意工作室等，为学生提供广泛的创新实践平台。在这些平台上，学生可以自主选择感兴趣的项目，组建团队，进行跨学科的合作，解决实际问题。

3. 管理体系

管理体系在实践教学体系中主要起着调控的作用，具体包括组织管理、运行管理与制度管理三大板块。

（1）组织管理。组织管理关注如何将资源（包括人员、设备和资金）有序地整合在一起，以满足教学目标的需求。学校需要成立专门的实践教学管理组织，其核心职责是制定具体的管理措施与方法，包括如何整合资源、如何协调各个部门以及如何评估和优化实践教学效果等。通过这样的宏观管理，学校可以确保实践教学在大的方向上是正确的，避免偏离教育目标，保证实践教学的质量和效果。而在宏观指导下，各专业则根据自身的实际情况来负责实践教学的具体组织与实施。每个专业可以根据其特色和需求来进行微调，保证实践教学与专业教育目标的紧密结合。这样的结构既能够保证教学的灵活性，又能够确保整体的一致性。

（2）运行管理。运行管理是指对实践教学的具体运行环节进行细致的指导和监督。在这一管理范畴内，各个专业需要针对自身的特点和需求，精心策划并制订出详尽的实践教学实施计划。这个计划是对教学活动的预期与目标的明确表达，是确保实践教学有序、有效推进的基石。为了确保实践教学的计划能够得到有效实施，学校需要落实教学大纲、教学计划、教学经费、指导教师、教学场地等，并做好四大环节工作，即准备工作环节、初期安排落实环节、中期开展检查环节和结束阶段的成绩评定与工作总结环节。在实践教学开始前，学校要做好充分的预备，如明确目标、分配资源、安排日程等。在初期安排落实环节，学校要确保教学活动在启动之初就能得到有序的组织和开展。在实践教学过程中，学校要进行定期检查，对可能出现的问题及时调整，确保教学目标得到达成。最后，学校要对实践教学结果进行公正评价，并对整个教学过程进行总结，以为下一次实践教学提供经验和参考。

（3）制度管理。制度管理主要是为实践教学的各个环节提供明确的指引和约束，通过对实践教学活动的规范和标准化，确保教学活动的质量、效率和公正性。为了保障实践教学环节的顺利开展，学校需要制定一系列具体的实践教学管理文件。这些文件应涉及实验、实训、实习以及学科竞赛等多个领域，为相关的教学活动提供详细的操作指南和标准。具体来说，实践教学管理文件包括：①实践教学计划，主要为实践教学提供整体的框架和蓝图，明确实践教学的目标、内容、时间表和所需的资源。②实践教学课程大纲和教材，主要为实践教学的内容和方法提供明确的指导。③实践指导书，进一步为学生和指导教师提供具体的操作和实施指南，确保实践教学活动能够按照既定的标准和要求进行。④实训项目单/卡，为实训活动提供明确的任务和标准，确保学生能够在实训中掌握必要的技能和知识。⑤实验报告等实践教学文件，为学生提供展示和评价自己实践成果的平台，同时是教师评估学生实践教学效果的重要依据。

4. 保障体系

在实践教学体系中，保障体系是实践教学有效实施的关键，主要包括师资队伍、实践教学经费、实训基地等内容。

（1）师资队伍。实践教学需要有专业、经验丰富且具备教育热情的师资队伍作为支撑。教师不仅要有深厚的学术背景和实际经验，还要具备良好的教育技巧和策略，能够根据学生的需求和特点进行个性化教学。为此，学校应加强对教师的培训和指导，鼓励他们参与相关的学术研究和产业合作，以持续提高其教育质量和效果。在整个教育领域中，教师始终是核心资源，他们传授知识，塑造和启迪学生，培养学生的实践能力和创新思维。在实践教学体系中，教师的作用更为重要。实践教学与纯理论教学不同，需要教师具备相应的实践经验和技能。这不仅要求教师有深厚的学术背景，还要求他们了解行业的最新发展，掌握先进的技术或方法，能够将实际工作经验融入教学。只有这样，教师才能为学生构建一个真实、贴近生活和工作的学习环境，使学生在学习过程中既能掌握理论知识，又能培养实际操作技能。为此，许多学校积极推动"双师型"教师队伍的建设。"双师型"教师不仅有丰富的教育经验和学术背景，还具备实际工作经验，因此更能理解学生的需求，更能为学生提供有价值的实践指导。这也是越来越多的学校会与企业进行合作，引进企业的专业人员作为兼职教师的原因。因为这些从业人员，可以凭借他们丰富的行业经验和实战技能，为学生提供宝贵的学习机会，帮助学生更好地理解和掌握实践知识。

（2）实践教学经费。实践教学往往需要投入大量的资金用于购买设备、建设实验室、编写教材等。与传统的课堂教学相比，实践教学常常涉及各种材料的采购、实验器材的购置和维护、实习基地的建设与保障以及其他与现场实践相关的多种费用。这些投入虽然在短期内会增加学校的经费支出，但从长远角度看，它们是培养学生实际技能和经验、提高教学质量的必要条件。学校应确保实践教学的经费充足、合理分配，以保证其各个环节的顺利进行。此外，学校可以积极寻求外部资助，如产业界的支持、政府的资助等，以增加实践教学的经费来源。

学校为了保障实践教学的质量，往往会采取专门的预算安排来保障实践教学的经费供应。每个学期的实践教学经费，都是基于详细的计划，以确保资金的合理使用。这种方式，既避免了因资金短缺而导致的实践教学活动受阻，又能确保资金不被挪用，真正为实践教学服务。除此之外，为了更好地使用这部分经费，许多学校还会结合企业合作、社会捐赠和其他外部资源，拓展实践教学的经费来源，确保实践教学的多样性和创新性。这种经费管理模式，不仅使实践教学得到充足的经济保障，而且为学校创造了更大的空间去尝试和探索新的实践教学方法和模式。

（3）实训基地。实训基地是实践教学的关键场所，提供了学生进行实际操作和实验的平台。一个良好的实训基地应配备先进的设备和设施，布局合理，环境安全。此外，实训基地应与产业界和研究机构建立合作关系，为学生提供广泛、深入的实践机会。校内实训基地通常具有标准化、系统化的特点，为学生提供稳定、规范的实践环境。这样的基地侧重于技能操作、基础实验等基础实践活动，确保学生可以在一个相对封闭、可控的环境中掌握关键技能和知识。校外实训基地则更多地为学生提供了一个与真实工作环境接轨的实践平台。与企业的合作，能够让学生直接触摸到行业的先进技术和趋势，更好地理解和掌握所学知识在实际工作中的应用。同时，校外实训基地还可以帮助学生培养职业素养、团队合作能力和沟通技巧，这些都是在传统的课堂教学中难以获得的宝贵经验。校内与校外实训基地的有机结合，既可以提供系统的实践教学内容，也能够满足学生多样化、个性化的学习需求。学生不仅可以在校内基地中稳扎稳打，掌握基本技能，还可以在校外基地中开阔眼界，锻炼实战能力。

5. 评价体系

评价体系作为实践教学中的关键组成部分，其作用不仅仅是对学生的实践成果进行评价，更重要的是为整个教学过程提供持续的反馈，进而指导教学活动的优化和调整。在整个实践教学体系中，评价体系像是一个指南针，为教师和学生提供明确的方向，确保教学活动始终沿着既定的目标前进。评价不应当被简化为单一的成绩打分。实践教学的特点决定了评价应当是一个多元化、深度化的过程。不同的实践教学环节有其特定的目标和内容，因此，评价的侧重点和方法也应当相应地进行调整。例如，在实践教学的初期阶段，评价更多地关注学生的参与度、团队合作和问题发现能力；而在后期阶段，评价则更加关注学生的解决问题的策略和实际操作技能。此外，实践教学的评价是一个迭代的、不断演进的过程。随着实践活动的深入，评价的标准和方法应适时进行调整。这种调整不是简单的修改，而是基于对前一阶段教学成果的反思和总结，以更好地适应实践教学的发展和变化。评价体系的存在不仅有利于保证实践教学的质量，而且为教师提供了一个观察、反思和改进教学的机会，同时使学生更加清晰地了解自己在实践中的表现，促使学生在未来的学习中不断超越自己。

以岗位认知、理实一体、项目实训、定岗实习为例，不同阶段的评价方法与侧重点有所区别。在岗位认知阶段，学生正处于对岗位的初步了解和探索中，因此评价应聚焦于学生的学习态度和参与度。过程性评价在这一阶段显得尤为重要，旨在鼓励学生积极地探索和了解岗位，为后续的学习打下坚实的基础。理实一体阶段是学生从理论到实际操作的过渡，这一阶段的评价应主要基于学生的实际操作技能和知识运用。可以制定量化的考核指标，来确保学生在理论知识和实际操作之间建立紧密的联系。同时，评价不仅要考查学生的操作结果，还要关注其在操作过程中的思考和判断，确保学生能够在实践中深化对知识的理解。项目实训和定岗实习阶段是实践教学中的核心部分。由于这两个阶段涉及的实践内容丰富且具有一定的复杂性，评价的内容也应相应增加。除了对学生的专业技能进行评价，评价内容还需要关注学生的工作态度、团队协作能力、沟通技巧等综合素质。更为重要的是，这两个阶段的评价不仅需要学校教师参与，还需要企业的负责人员参与其中。企业负责人员对学生的评价更加接近实际工作要求，而教师的评价则更注重学生的学术素养和技能运用，两者相辅相成，可以确保关注学生在实践中的全面素质提升。为了确保实践教学的效果，学校需要建立一个持续的督导和检查机制。对实践教学的过程进行跟踪与反馈，可以使相关人员时刻了解教学的效果，并根据实际情况进行调整和完善，确保实践教学始终朝着既定的目标前进。

二、基于 CDIO 理念电子商务实践教学体系建设原理

基于 CDIO 理念的电子商务实践教学体系，以 CDIO 这一工程教育理念为基础，将其应用到电子商务领域的教育和培训中。该体系强调从实际项目出发，使学生能够经历从项目构思到设计再到实施最终到运作的完整过程。在这一体系中，学生不仅可以学习到理论知识，还能够参与到真实的电子商务项目中，培养实践能力和创新思维。基于 CDIO 理念的电子商务实践教学体系建设原理，着眼于将传统的教学模式与现代工程教育模式进行有机融

合，重视学生的实践能力和创新精神的培养。电子商务作为一门跨学科的专业，其核心不仅仅是掌握技术和知识，更在于理解和应用技术和知识来解决实际的商业问题。在这个体系中，教育的目标不再是单纯地传授知识，而是让学生掌握如何在真实的商业环境中应用这些知识。教学过程不再是单向的知识传递，而是一个互动、协同和参与的过程，鼓励学生主动参与，通过项目式学习，在模拟或真实的商业场景中解决实际问题。此外，教育的重点从纯粹的知识掌握转向了能力的培养，特别是分析问题、团队合作、沟通交流和创新思考等综合能力。为了实现这一目标，教学方法和评价标准也进行了相应的调整。例如，课程设计更加注重案例分析、团队项目和实际操作，评价方式不只看重学生的知识掌握程度，更看重他们的实践能力和创新精神。

对于学校来说，建设基于 CDIO 理念的电子商务实践教学体系具有深远的意义。随着电子商务行业的快速发展，对相关人才的需求也日益增长。传统的教学方法过于注重理论知识的灌输，而对学生实际操作能力和创新能力的培养重视不足。基于 CDIO 理念的电子商务实践教学体系，则能够使学生在学习过程中深入参与到真实项目中，培养实际操作能力、团队协作能力和创新思维。

三、基于 CDIO 理念电子商务实践教学体系建设原则

基于 CDIO 理念的电子商务实践教学体系旨在培养学生的实际操作能力、创新思维和团队协作能力，以满足现代电子商务行业的实际需求。因此，学校在建设电子商务实践教学体系时，需要遵循实践性原则、目标性原则、全程性原则、有序性原则、开放性原则（见图 4-3）。

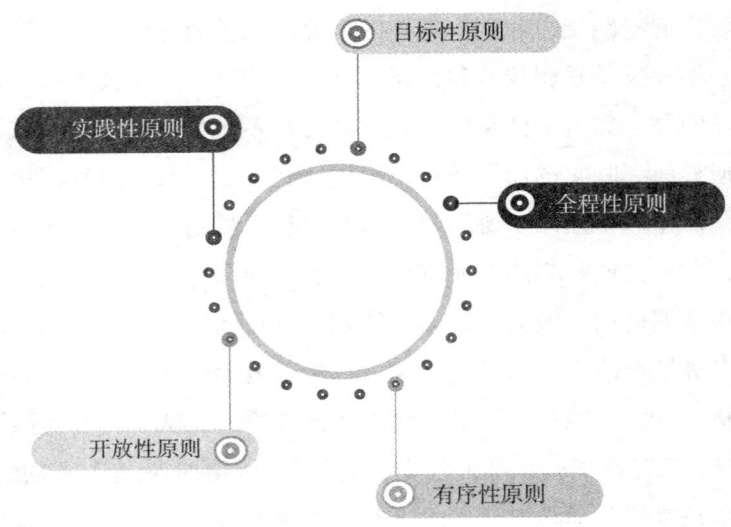

图 4-3 基于 CDIO 理念电子商务实践教学体系建设原则

（一）实践性原则

实践性原则的核心在于让学生走出课堂，真正投身于真实的或模拟的电子商务场景中，体验、理解并应用专业技能，从而形成对知识的深入认识和真实的应用能力。课程的设计和教学内容的选择都应反映出实践教学的重要地位。为确保实践教学的针对性和前瞻性，学校需要将实践内容与电子商务行业的发展趋势相结合，真实地让学生深入行业实际，并从中得到锻炼与提高。当今社会，终身学习已经成为一种常态。学生在校期间所获得的知识，是他们未来职业发展的基石，他们不仅要学会知识，还要学会学习，学会应对未来不断变化的社会环境。因此，实践教学要关注于专业技能的培训，重视培养学生的技术拓展和创新思维，使学生能够在未来的职业生涯中获得自主学习和持续发展的能力。

学校在建设基于 CDIO 理念的电子商务教学实践体系的过程中，应紧紧围绕培养大学生实践能力这一人才培养目标来进行，要把培养既具有扎实的理论基础又具有综合素养和创新潜能的人才作为建设电子商务实践教学体系的出发点。实践教学体系人才培养目标应该根据学校人才培养规格、专业学科特点和发展规律以及社会对人才的需求来进行明确、有针对性的具体设定。

（二）目标性原则

目标性原则要求学校从起始阶段就需要明确实践教学的目标，这个目标应当是明确、可衡量和可实现的，教学过程中的各种资源、方法和策略都能为实现这一目标而服务。基于 CDIO 理念的电子商务实践教学的目标不仅仅局限于学生掌握一定的知识和技能，更重要的是，学生能够在真实或模拟的商业环境中，综合运用这些知识和技能完成特定的项目或任务。这样的目标追求更高的综合素质，强调对学生的实际操作能力和创新思维的培养。为了确保目标的明确性和可实现性，学校在制定实践教学目标时，需深入了解电子商务行业的最新动态和趋势，倾听企业和行业的声音，确保教学目标与市场需求相匹配。同时，目标的制定还需要考虑学生的起始水平、学习需求和发展潜力，确保教学目标既有挑战性，又是学生所能达到的。在整个实践教学过程中，目标性原则要求对教学情况进行持续评估，及时调整教学策略，确保每一个步骤都与最初设定的目标保持一致。通过这样的方法，学校可确保实践教学始终沿着正确的轨道前进，最终达成培养既具有理论基础又具有实践经验的电子商务人才的目标。

（三）全程性原则

电子商务实践教学体系不是孤立、零散的实验或项目，而是一个有机、连续的体系。基于 CDIO 理念的电子商务实践教学体系的建设不仅要注重每一个单独环节，还要强化各环节间的内在联系。每一步的教学都应是一个有机整体的组成部分。只有确保从基础到高级、从理论到实践的每一部分都能够紧密结合，学生才能够真正掌握其中的精髓，进而将所学应用于真实的商业环境中。教育者需要精心设计教学每一环节的功能、内容和安排，保证整体的连贯性，使学生在整个学习过程中都能体验到实践教学的魅力。

（四）有序性原则

教学活动应当按照一定的顺序、结构和逻辑进行。有序性原则要求教学过程中的各个环节、内容和方法都应有明确的组织和规划，以确保学生的学习过程是条理清晰、连贯的。这不仅有助于提高教学效率，还有助于学生更好地理解和掌握知识。

CDIO 理念强调的是整体教育方法，从构思、设计、实施到运作，每一个环节都是一个整体中的重要部分。而电子商务是一个跨学科的领域，涉及技术、管理、经济、法律等多个领域的知识。因此，为了确保学生能够系统地掌握电子商务的全貌，需要按照一定的逻辑和顺序组织教学内容，使其既有深度又有广度。在教学内容方面，应进行明确的课程设计和规划，即根据电子商务的知识结构和学生的学习需求，合理确定教学内容的顺序，从浅入深、由易到难。教学方法也需要根据教学内容的特点进行选择，保证方法与内容相适应。此外，教学过程中的反馈和评价也应按照有序性原则进行，及时发现和调整教学中的问题，使教学活动持续、稳定地进行。

（五）开放性原则

电子商务是一个持续发展的领域，新的技术和模式不断涌现。因此，基于 CDIO 理念的电子商务实践教学体系应保持开放性，及时吸纳新的教育理念、技术和方法，确保学生能够跟上行业的发展步伐。

在教育教学活动中，教育者既要注重当前的教育目标和内容，又要具有前瞻性，及时吸纳新的知识、技能和方法。教学内容、方法和评价方式应当是动态的、非封闭的，旨在促进学生的创新思维和终身学习能力。教学内容也不应仅仅局限于现有的知识体系，而应及时引入行业内的最新发展和趋势。学校可以通过与企业合作，为学生提供实习、项目合作等机会，使学生能够在真实的商业环境中学习和实践，更好地理解和掌握电子商务的实际运作。教育者应鼓励学生积极参与、探索和质疑，而不是简单地接受知识。

四、基于 CDIO 理念电子商务实践教学体系建设路径

（一）培养目标：理论知识与实践操作相结合

在现代电子商务领域，仅仅掌握理论知识是远远不够的。CDIO 理念强调实际操作的重要性，鼓励学生在掌握理论基础的同时，加强实践操作能力。真正的电子商务环境是充满了挑战和变数的，从选品、定价到营销策略，再到用户体验优化，都需要灵活运用知识，并在实践中不断调整和优化。这就是为什么仅仅依赖理论学习是不够的，实践操作的重要性不容忽视。

基于 CDIO 理念的电子商务实践教学强调"做中学"和"学中做"的重要性。这一教学理念认为，学生在实际操作中遇到的问题、挑战和困惑，会促使他们更加深入地去思考和探索，进而加深对理论知识的理解和应用。例如，一个学生在设计一个电子商务网站时，可能会遇到如何优化用户体验、如何提高转化率等实际问题。这些问题会驱使他回归理论，寻找答案，进而在实际操作中调整和完善。更进一步来说，将理论知识与实践操作相结合作为培养目标，也反映了现代教育的发展趋势。在信息爆炸的时代，单纯的知识传授已经不能满足社会的需求，人们更加重视能力的培养，特别是实际操作和解决问题的能力。电子商务实践教学正是基于这样的背景，强调理论与实践的结合，使学生在学习过程中"知其然"又"知其所以然"。

基于 CDIO 理念，理论知识与实践操作是电子商务实践教学的两大支柱。它们之间的关系既相互影响，又相互促进。这种结合不仅能够帮助学生更好地理解和掌握专业知识，而且能够提高他们在实际工作中的适应能力和创新能力。因此，电子商务的实践教学体系建设应该明确地将理论知识与实践操作相结合作为其培养目标。

（二）能力标准：证书要求与岗位要求相结合

现代电子商务对人才培养的要求既有专业技能的要求，又有实践应用能力的要求。因此，学校在建设基于 CDIO 理念的电子商务实践教学体系时，

需要着眼于行业的实际需求，并结合教育的标准化要求，来让学生更好地适应市场的需要。

电子商务职业资格证书是针对电子商务领域专业人员的资格认证。其目的是对从事电子商务工作的个体或团队在特定领域的专业技能和知识进行评价和认证。这种证书通常由政府部门、行业协会或专业培训机构发放，旨在确保从事电子商务行业的工作人员具备一定的专业能力。电子商务职业资格证书的具体内容和级别会根据国家、地区和发证机构的不同而有所差异。但通常，各种认证证书的范围会覆盖电子商务的各个方面，如电子商务运营、网络营销、网络支付和交易安全、电子商务法律与政策、电子商务平台技术开发与维护等。

电子商务的职业标准指的是为确保电子商务行业的健康、有序发展，对从事电子商务工作的人员在知识、技能、态度等方面设定的一系列基准和要求。这些标准旨在确保从事电子商务工作的人员具备足够的能力来完成职责，并为行业的持续发展做出贡献。电子商务的职业标准一般包括基础知识、运营能力、网络营销技能、技术与数据分析、供应链管理、职业道德与法律意识等。为确保电子商务人员达到这些职业标准，很多地区都会提供相关的培训和认证机制。在快速发展的电子商务领域，这些标准对于维持行业健康、有序的发展具有至关重要的意义。

基于 CDIO 理念的电子商务实践教学的内容和方法应该结合证书的标准化要求和岗位的实际需求来设计。例如，当学生在学习网络营销策略时，除了理论知识，教学内容还应该有真实的案例分析和实际的营销计划制订的训练。当学生学习电子商务平台应用时，教学内容应该提供实际的操作和管理的机会，如在一个模拟的电子商务平台上进行商品上架、订单处理等操作。将证书要求与岗位要求相结合，实践教学就不再是单纯的技能训练，而是一个综合的、旨在培养学生全面能力的过程。学生不仅要掌握电子商务的基本理论知识，还要学会如何将这些知识应用到实际工作中。这样，他们不仅能够满足行业的证书要求，还能够更好地满足企业的岗位要求，成为真正的复合型人才。

（三）实践环境：模拟与真实相结合

为了确保学生在安全的环境中学习并实践，学校可以提供模拟的实践环境，如虚拟的电子商务平台或沙盘环境。同时，学生还应有机会在真实的电子商务环境中进行实践，以获得宝贵的实际经验。

模拟环境主要为学生提供一个相对安全的学习空间，允许他们在没有真实经济风险的情况下进行尝试。例如，虚拟的电子商务平台可以让学生模拟创建自己的在线商店，研究市场策略，或是进行虚拟交易。这种环境有助于学生建立基础概念，掌握基本操作，而不必担心可能的失误导致的实际损失。然而，模拟环境所能带来的经验和认知有其局限性。真实的电子商务环境涉及的不仅仅是技术操作，还有与之相伴的人际互动、客户服务、真实的市场反应以及突发事件的应对。因此，将学生引入真实的电子商务环境，如参与实体店铺的线上业务、参与真实的市场活动或与行业专家进行互动等，可以为学生提供更为深入和全面的学习体验。结合模拟与真实的实践环境，电子商务教学将更加完善。学生在模拟环境中打下坚实的基础，随后在真实环境中进一步发展和完善自己的能力。这样的组合既能够确保学生的基础知识与技能培训，又有利于他们适应并在真实的工作场景中取得成功。

（四）训练方式：单向与综合相结合

在初级阶段，学生可以通过单向的训练方式，如单一任务或技能的训练，来掌握基本的电子商务技能。随着学习的深入，学生应该有机会参与综合的训练项目，如多任务项目或团队合作项目，以培养其解决复杂问题的能力。

电子商务实践教学的核心是培养学生具备应对现实商务场景的能力。在这一过程中，训练方式的选择直接影响到学生能否有效地将所学应用到实践中。基于 CDIO 理念的电子商务实践教学的训练方式应着重于单向训练与综合训练的有机结合，确保学生在掌握基础技能的同时，也能够处理复杂的商务问题。单向的训练方式注重特定技能或知识点的培训，使学生能够逐步地、系统地掌握电子商务的基本操作和原理。例如，通过一系列的任务，学生可以学习如何创建和管理在线商店、如何进行网络营销策略的设计、如何进行电子支付等。这种方式帮助学生逐渐建立对电子商务领域的基础认知，为后续的复杂任务打下坚实的基础。但电子商务的真实场景远比单一任务要复杂。因此，学校要引入综合性的训练方式，让学生在实践中考虑和解决多个相互关联的问题。例如，安排学生设计一个完整的网络营销方案，其中不仅涉及广告策略的制定，还要结合目标人群的分析、预算控制和效果评估等多个方面。这种方式促使学生将之前学到的单一技能和知识整合起来，为解决综合性问题提供解决方案。电子商务的实践教学不能只满足于培训学生掌握简单的操作技能，因为真正的电子商务场景往往涉及跨领域的知识和多方面的技能。因此，结合单向和综合的训练方式，确保学生既能够熟练掌握基本的操作，又能够在面对复杂场景时提出有效的策略和解决方案，是实现电子商务教学目标的关键。

（五）实践观念：就业与创业相结合

虽然大多数学生的目标是找到一份好工作，但学校应注重培养学生的创业精神。在当今日益发展的电子商务环境中，为学生提供丰富多样的职业发展路径尤为重要。基于 CDIO 理念的电子商务实践教学不应仅仅局限于为学生提供一种简单的就业导向，而是要拓宽他们的视野，鼓励他们在掌握必要的技能和知识的基础上，积极寻求和创造更多的职业机会。电子商务领域有众多的就业机会，从电子商务平台运营、网络营销、数据分析到供应链管理等，为学生提供了丰富的选择。通过与企业合作，学校可以为学生提供实习机会，帮助他们在真实的工作环境中锻炼和应用所学知识，增强他们的职业竞争力。电子商务的快速发展也催生了大量的商机。这为有创业意向的学生提供了难得的机会。学校应该培养学生的创业精神，教给他们如何寻找商机、如何进行市场调研、如何策划和执行一个创业项目等知识。学校可以通过组织创业大赛、提供创业导师指导以及提供创业基金支持等方式，帮助有创业意向的学生实现创业梦想。

第二节　基于 CDIO 理念电子商务教学课程体系设置

随着经济全球化与科技进步的双重推动，电子商务在全球经济中的角色变得日益重要，涉及的领域也日渐扩展。因此，对相关人才的培养标准和教育方法也亟待进行创新和优化。传统的教学模式难以很好地满足当代电子商务领域对人才的全面需求，特别是在实际操作、团队协作、技术创新和项目管理等方面。CDIO 理念注重实践与创新，强调跨学科的整合，致力于培养学生的综合能力，因而建设基于 CDIO 理念的电子商务教学课程体系可以更好地为社会和企业培养合格的电子商务人才。CDIO 理念将学生能力划分为基础能力、个人能力、团队协作能力和工程系统能力四种能力，与之相应地，学校可将电子商务教学课程体系设置为基础层课程、综合层课程、应用层课程和创新层课程四个层次。通过这样的分层设置，电子商务教学课程体系既能确保学生系统性地掌握电子商务的专业知识，又能全面地培养其综合能力，帮助其更好地适应和应对日益复杂的电子商务环境。因此，基于 CDIO 理念对电子商务教学课程体系进行调整和优化，是对当前和未来电子商务行业发展趋势的深入理解和高效应对。下面将分层次介绍基于 CDIO 理念的电子商务教学课程体系。

一、基础层课程

基础层课程的主要培养目标是使学生对电子商务的全面性和多学科性有深入的理解，为他们在后续的学习和职业发展中提供坚实的知识和技能基础。通过这些课程，学生应掌握电子商务的基本原则和技术，理解其在全球经济和社会中的作用，以及电子商务所涉及的各种问题和挑战。此外，这些课程还旨在培养学生的批判性思维、分析和解决问题的能力，以及对持续学习和自我更新的认识。这能够为他们在更高级的课程中进行深入研究和实践活动，以及在职业生涯中应对各种复杂和多变的挑战，提供必要的准备。因此，基础层课程主要强调电子商务领域的核心理论和基本技术知识，为学生提供系统的学术背景和技能基础。

基于 CDIO 理念，基础层课程具有以下特点：第一，基础性和全面性。基础层课程涵盖电子商务学科中的基础知识领域，如数学、统计学、经济学、计算机科学等，其设置目的是让学生对该领域的基本概念、原理和技术有一个完整的了解。基础层的课程内容，并不仅局限于传统的理论学习。例如，在涉及数学、统计学、经济学的内容时，学生不只是学习理论，更要学会如何在电子商务领域中应用这些知识。同样，计算机科学课程也注重应用性，强调技术在电子商务中的实际作用，而不是仅仅作为一个抽象的技能进行教授。此外，基础层课程的全面性还体现在对各个知识点的透彻解读上，从基本的原理到复杂的应用案例，都需要学生进行深入的学习和理解。第二，实用性。基础层课程的实用性并不是单纯地强调工具或技术的操作，而是着眼于如何将这些基础知识与技能应用于实际的商务环境中。通过基础层课程的学习，学生能掌握日常工作和学术研究中必要的计算机操作技能，为后续的专业学习和实践奠定基础。第三，技术导向性。电子商务作为一个综合性很强的领域，涉及的技术不仅仅局限于计算机科学。计算机应用基础、计算机技术等课程，不只是对技术进行表面的介绍，更深入地讲述技术如何与电子商务的业务逻辑相结合，以及技术如何助力企业更好地满足市场需求、提高运营效率和创新能力。通过基础层课程的学习，学生可以根据业务需求，选择和应用合适的技术，并有能力对现有技术进行优化和创新。

基于 CDIO 理念，基础层课程主要包括公共基础课程、电子商务概论、计算机基础与应用、C 语言、网络与数据通信技术、数据库原理与网络数据库技术等课程。

二、综合层课程

在基于 CDIO 理念的电子商务教学课程体系中，综合层课程是构建在基础层课程之上的课程，着眼于为学生提供一种跨领域的、实际的应用学习体验。该层课程强调技术与管理之间的交叉，目的是确保学生在掌握了电子商务领域的核心技术知识的基础上，能够有效地运用这些知识来处理实际的业务场景。

基于 CDIO 理念，综合层课程主要包括经管课程群、网站美工设计课程、网页设计与制作课程、数据技术与应用课程、网站建设课程、网上零售课程群、电子商务综合实践等。经管课程群为学生提供了在电子商务环境下必要的管理策略和商业模型，例如市场分析、商业策划、供应链管理、客户关系管理等。网站美工设计、网页设计与制作课程，强调网站的视觉效果和用户体验。学生可以通过学习这些课程学会如何创造吸引人的界面，如何进行有效的布局，以及如何编写响应式的代码来适应各种设备和屏幕尺寸。数据技术与应用课程主要教授学生如何收集、处理和分析电子商务中的数据。在当前的商业环境中，数据已经变得至关重要，能够对数据进行有效分析的企业将具有竞争优势。网站建设课程可以让学生了解到从零开始创建一个电子商务网站所需的所有技术和步骤。网上零售课程群专注于在线销售的各个方面，例如库存管理、订单处理、支付系统、客户服务等。电子商务综合实践主要为学生提供一个实际操作的平台，使他们可以在这里将所学的知识和技能应用到真实的项目中，从而加深对电子商务的理解。

三、应用层课程

应用层课程的培养目标是让学生在完成课程后，不仅对相关领域有深入的理解，而且能够熟练掌握并应用这些技能，满足现代电子商务领域对高技能人才的需求。基于 CDIO 理念，电子商务教学课程体系中的应用层课程主要包括移动电商开发技术、电商对象开发技术、搜索引擎优化、数据挖掘等。

随着智能手机的普及，移动电子商务已成为电子商务领域的重要分支。移动电商开发技术这门课程主要涉及移动设备如何设计和开发电子商务应用，移动电子商务应用设计原则、开发工具选择到移动支付等内容，都是该课程的重点内容。开设这门课程可以使学生掌握移动设备的电子商务解决方案，使其能够在真实的商业环境中开发并优化移动电子商务平台。

电商对象开发技术主要研究电子商务平台后台的对象模型开发，涉及商品、用户、订单等对象的设计、实现和管理。它为学生提供深入了解电子商务平台后端运作的机会，强调实际开发经验，使学生能够熟练地构建和管理电子商务平台的核心对象模型。

搜索引擎优化是提高网站在搜索引擎中的排名，以增加访问量和潜在客户的关键手段。课程内容涵盖关键词研究、站点优化、链接建设以及其他与搜索引擎排名相关的策略。在竞争激烈的电子商务领域，优秀的搜索引擎优化策略可以帮助企业提高在线可见度，吸引更多潜在客户，从而增加销售。

数据挖掘是从大量数据中提取有用信息和知识的过程。在电子商务领域，数据挖掘主要涉及分析消费者数据、购买习惯、流量来源等，以做出更明智的商业决策。通过数据挖掘，企业可以更好地理解消费者行为，预测市场趋势，优化营销策略，进而提高收入。

应用层课程以实际操作和实施为核心，要求学生能够在真实商业环境中运用知识和技能，旨在培养学生成为能够适应并引领现代电子商务行业发展的高技能人才。

四、创新层课程

创新层课程的核心在于培养学生具有前瞻性的思维、创新意识以及批判性思考能力。它鼓励学生跳出现有的框架，思考新的可能性，探索新的商业模式和技术解决方案，并在实践中不断尝试和优化。基于 CDIO 理念，电子商务教学课程体系中的创新层课程主要包括创业策划与实战、网点运营实战、电商项目运作实战（校企合作）、学科与技能大赛、课外科技创新、大学生创新创业实践活动等。

在一个竞争激烈的市场中，想要从事电子商务创业，不仅需要一个独特的商业模式，还需要对市场有深入的了解和分析。创业策划与实战课程旨在使学生掌握创业的全过程，从市场调研、商业模式选择到资源整合、风险评估，再到实际的操作和管理。更为关键的是，它为学生提供了一个实际操作的平台，使学生能够将理论知识转化为实践经验。

网点运营实战课程强调的是如何在实际的环境中，有效地管理和运营一个电子商务网站的线下网点，以提供更好的客户服务并实现商业价值。

在电子商务项目运作实践中，通过与企业的合作，学生可以参与到真实的电子商务项目中，感受电子商务运营的实际情况，锻炼自己的实践能力。这种合作模式，为学生提供了一个宝贵的实践平台，让他们在学习中直接接触到市场、客户和真实的商业问题。

通过参加学科与技能大赛，学生可以展现自己的知识和技能，与其他优秀的参赛者进行交流和竞争。这不仅是一个检验自己学习成果的机会，还是一个扩展视野、增强自信的平台。

课外科技创新课程鼓励学生在课余时间进行科技创新，这可以培养他们的独立思考能力、创新意识和解决问题的能力。

在电子商务领域，新技术、新模式的出现往往可以带来巨大的商业价值。大学生创新创业实践活动结合了创业、科技创新和实践操作。通过参与这种活动，学生可以把自己的创业想法转化为实际的项目，获得启动资金，接受导师的指导，进一步提升自己的创业能力和实践经验。

这些创新层课程和活动，可以使学生在电子商务领域具备更强的实践能力、创新意识和竞争力。

第三节　基于 CDIO 理念电子商务教学实践平台构建

传统的课堂教学往往过于注重理论，而忽视了实践操作。而在电子商务领域，单纯的理论知识远远不够。通过基于 CDIO 理念的电子商务教学实践平台，学生可以亲身体验到从商品上线、订单处理、支付、物流到售后服务的完整流程，使理论知识与实际操作结合得更为紧密。因此，学校应构建基于 CDIO 理念的电子商务教学实践平台，为学生提供一个真实、动态的电子商务环境，使他们能够将所学知识直接应用到实际操作中，经历从构思、设计、实施到运作的全过程。

一、基于 CDIO 理念电子商务教学实践平台的构建要求

对于学校而言，构建基于 CDIO 理念的电子商务实践教学平台的意义重大。通过基于 CDIO 理念的电子商务实践教学平台的构建，学校可实现三大转变：一是在人才培养方面，从单纯地传授专业知识的单一模式转变为更全面地结合专业知识、技巧和创新能力的培训模式；二是在实践教学方面，从以彼此孤立的教学、实验、实习为支撑的无序模式转变为专业理论教学与实践教学相结合的引导模式；三是在资源配置方面，从校内外资源各自为政的分散模式转变为集中资源满足学生实践能力训练需求的集约模式。

（一）人才培养方面

电子商务教学实践平台是现代教育的一个重要组成部分，旨在为学生提供实际的、与真实工作环境相似的学习体验。电子商务不只涉及理论知识，更多的是操作和管理电子商务平台、分析数据、优化策略等实际操作技能。因此，基于 CDIO 理念的电子商务教学实践平台应当为学生提供丰富的实际操作机会，让他们能够熟练掌握各种工具和技术，并在实际项目中应用。

技能是指那些在实际操作中必要的能力，例如如何设置和管理一个电子商务网站、如何进行有效的在线营销活动、如何分析客户数据来提供更好的服务等。这些技能很大程度上是通过实践来掌握的。基于 CDIO 理念构建电子商务教学实践平台，就是要为学生提供培养操作技能的机会。学生通过在实践平台上的实际操作，不仅可以将所学的理论知识付诸实践，还可以在实际操作中积累经验，逐渐掌握电子商务领域的核心技能。

在这个日新月异的数字化时代，企业需要不断创新以适应不断变化的市场环境。而对于学生来说，拥有创新能力意味着他们可以在未来的工作中找到新的商业机会，推出新的产品或服务，或者找到新的方法来解决问题。因此，基于 CDIO 理念的电子商务教学实践平台应该是为学生提供尝试、探索、创新机会的实践平台；能够帮助学生在真实的工作环境中更好地适应与发展。

（二）实践教学方面

基于 CDIO 理念的电子商务教学实践平台采用的是专业理论教学与实践教学相结合的引导模式。在这种引导模式中，专业理论教学不再是孤立的、静态的知识传递，而是与实践教学紧密结合、互为补充。理论教学为实践提供指导，而实践教学则能够为理论教学提供生动的案例和实例，使学生更容易理解和掌握复杂的理论知识。

电子商务的核心是通过数字技术和互联网平台进行商业活动。因此，学生需要深入了解相关的技术和工具，这些工具如何帮助企业实现商业目标，以及如何进行有效的商业决策。传统的理论教学可能会介绍这些工具和技术，但很难让学生真正掌握它们的应用。而在实践教学中，学生可以亲手使用这些工具和技术解决真实的商业问题，这样就可以更加直观地体验和学习。而纯粹的实践教学可能会让学生过于关注技术细节，而忽略了更为重要的商业策略和决策。这时，理论教学就可以起到纠正的作用，帮助学生建立宏观的视角，理解技术与商业之间的关系，以及如何在复杂的商业环境中做出正确的决策。

电子商务涵盖市场策略、客户关系管理、供应链、支付系统、网络安全等众多领域，因此，基于 CDIO 理念的实践教学平台应当提供一个综合性的环境，让学生能够涉猎这些不同的领域，并理解它们之间的相互关联。这种综合性体验不仅有助于提高学生的知识广度，而且能锻炼他们的跨学科思考能力。

此外，基于 CDIO 理念的教学实践平台应致力于培养学生的创新意识和实际操作能力。电子商务领域的快速发展，要求学生能够适应不断变化的技术和市场环境。这意味着，教学不应只是简单地教给学生现有的知识和技能，而应鼓励他们去挑战现状，探索新的解决方案。在这个过程中，学生能够学会如何运用所学到的知识解决真实问题，这无疑是对他们的有价值训练。

随着电子商务的全球化发展，学生需要具备国际视野和跨文化沟通能力。因此，基于 CDIO 理念的教学实践平台应当为学生提供国际化的学习环境，如与海外学校合作开展项目、组织国际实习机会等。

同时，在实际工作中，电子商务专业人员需要依赖数据来做出决策。这要求学生具备数据分析和解读能力。因此，基于 CDIO 理念的电子商务教学实践平台应提供真实的数据来源，让学生在项目中亲自处理和分析数据，从而培养他们的数据敏感性和分析能力。

（三）资源配置方面

学校在构建基于 CDIO 理念的电子商务教学实践平台时，资源的合理配置与整合不仅涉及对硬件和软件的投入，还涉及教育理念、教学内容、实践环境以及与外界的互动等多个方面的综合考虑。在这一大背景下，为满足学生的实践能力训练需求，学校应当对资源进行集中而有针对性的配置。

学校需要进行资源的全面盘点。这不仅包括对现有硬件和软件资源的盘点，还包括教师专业能力、学生需求、与企业的合作关系等方面。全面的资源盘点，有助于清晰了解平台现有的资源状况，进而确定哪些资源是核心和关键的，哪些资源存在重复或可以进一步整合。在明确了资源状况后，学校需要制定相应的资源整合策略。例如，技术资源的更新与升级、教师队伍的培训与发展、与企业和其他学校的深度合作等。

基于 CDIO 理念的电子商务教学实践平台应当提供个性化的资源配置方案，以满足不同学生的需求，为学生提供一个高质量的实践训练环境。基于 CDIO 理念的电子商务教学实践平台应配置最新的电子商务软硬件，如网站建设工具、数据分析软件、模拟交易系统等。这些工具可以使学生掌握电子商务的核心技术，培养自身的创新能力和解决实际问题的能力。除了技术资源，教学内容也是资源配置的关键部分。电子商务教学不仅需要传统的教材，还需要大量的案例、实例、模拟项目等，这些内容能够帮助学生理解和掌握抽象的理论知识，并将其应用于实际中。为此，学校应当与电子商务企业、研究机构等进行深度合作，获取最新的市场信息和行业动态，为学生提供丰富而实用的学习资源。

二、基于 CDIO 理念电子商务教学实践平台的构建方向

基于 CDIO 理念的电子商务教学实践平台的构建方向为研究式平台、体验式平台、实战式平台（见图 4-4）。学校应以电子商务专业知识理论为依托，以电子商务项目为指引，开展电子商务实践教学，并努力实现实践教学资源的优化配置，不断丰富电子商务专业实践教学平台的资源。

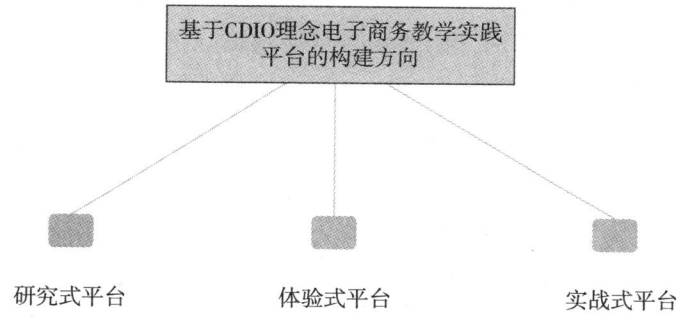

图 4-4　基于 CDIO 理念电子商务教学实践平台的构建方向

（一）研究式平台

研究式平台通常指的是一个专门为学术研究和探究设计的环境或工具集。学生可以通过研究式平台进行深入的研究，开发创新思维，并在实践中探索和验证学术理论或科学假设。在电子商务教学的背景下，研究式平台是允许学生探索电子商务技术、商业模式、用户行为等方面的平台环境。学生可以在此平台上进行实验、收集数据、分析趋势，并根据其发现进行策略制定和决策。这不仅有助于增强学生的实践经验，还可以为他们提供宝贵的研究机会，促进学生对电子商务领域深入的理解和认识。

研究式的实践平台，可以为电子商务专业的学生提供一个独特的学习环境。电子商务不仅仅是线上购物，它涉及的是一个复杂的系统，包括技术基础、市场策略、用户行为分析、供应链管理等众多领域。这些领域中的知识点往往是相互关联、有因果关系的。学生通过研究式的实践平台，可以深入

探讨电子商务的各个环节，而不是仅停留在表面的知识点上。基于 CDIO 理念，学生可以在研究式的实践平台上应用所学的理论知识，进行实际的操作，对结果进行分析，这有利于学生的发现与创新。

（二）体验式平台

体验式平台是通过真实或模拟的环境为参与者提供亲身体验机会的平台。与传统的理论教学不同，体验式平台注重实际操作、感知和反思，使参与者能够从中获得深刻的学习体验。具体到电子商务专业，体验式平台是一种模拟真实电子商务环境的教学平台，学生能够通过实际操作和体验，更加深入地掌握电子商务的核心技能和方法。

电子商务涉及广泛的业务领域，从在线营销、客户关系管理到供应链优化，都要求学生不仅要掌握相关的理论知识，而且要有实际的操作能力。传统的教学方法往往难以为学生提供真实的电子商务环境体验，而体验式平台恰好可以弥补这一不足。通过模拟真实的电子商务环境，学生可以在平台上进行实际操作，如设定商品价格、制定推广策略和处理订单等，从而更直观地理解电子商务的运作机制。CDIO 理念强调的是将知识应用于实际情境中，让学生在"做中学"，培养实践能力和创新思维。基于 CDIO 理念的电子商务体验式平台是进行实际操作的场所，借助此平台，学生可以在模拟的商业环境中亲自实践，结合理论知识进行决策，发挥创意，并在失败或成功中获得宝贵的经验。这种学习方式有助于加深学生对电子商务理论的理解，培养他们的实际操作能力和策略性思考。此外，现代电子商务环境的复杂性和多变性要求学生能够迅速适应并解决实际问题。而体验式平台可以为学生提供一个不断尝试、调整策略和学习的场所，能够帮助他们在以后面对真实商业挑战时更具信心。

（三）实战式平台

实战式平台是一个为参与者提供真实或模拟真实的环境和场景，让参与者进行实际操作、执行和练习的在线或离线工具或环境。这种平台着重于实际应用，让参与者在真实或近似真实的情境中进行学习和实践，强调实际操作与实战经验的获取。在电子商务专业中，实战式平台指的是为学生提供一个接近真实电子商务运营环境的平台，让学生可以在其中进行实际的电子商务操作，如商品上架、营销推广、客户服务、订单处理、供应链管理、数据分析等。这种平台的目的是让学生通过实际操作，获得真实的电子商务经验，培养其电商运营、管理、创新及解决实际问题的能力。例如，学校可以与真实的电子商务企业合作，为学生提供参与电子商务项目的机会，让学生可以在其中进行真实的商品销售、营销活动策划、客户互动等。学校也可以使用特定的电子商务模拟软件，让学生在模拟环境中进行电子商务运营和管理。

　　基于 CDIO 理念，学校要为学生提供一个全面的学习体验，确保他们不仅掌握理论知识，还能够在实际环境中应用这些知识。这种教育理念强调的是构思、设计、实施与运作的整合式教育模式，从中可见实际操作和应用的重要性。通过实战式平台，学生可以亲身体验电子商务的全流程，将所学的理论知识付诸实践，进而加深对这些知识的理解，培养解决问题的能力。与传统的课堂教学相比，实战式平台更能激发学生的积极性和创造性。当学生面对真实的商业挑战时，他们需要动脑想策略、共同讨论、通过团队合作解决实际问题，这无疑是对他们能力的全方位锻炼。

三、基于 CDIO 理念电子商务教学实践平台的构建途径

（一）整合校内资源，学校自主建设

　　学校可以根据自身的功能定位，确定基于 CDIO 理念的电子商务教学实践平台的主题和内容。学校通常拥有丰富的校内资源，从设备、软件到专业知识丰富的教师团队。学校应充分发挥这些要素之间的协同作用，满足电子商务教学的需求。构建基于 CDIO 理念的电子商务教学实践平台的关键是模拟真实的电子商务环境，使学生能够在其中实践、探索和创新。如果学校已经有了一个计算机实验室，那么可以考虑如何升级和调整其配置，使其更加适合电子商务的应用和开发。

学校自主建设基于 CDIO 理念的电子商务教学实践平台，需要以各种资源作为支撑，例如硬件设施，如计算机、服务器和相关软件，与实践活动直接相关的教学材料、案例研究等。学校应确保这些资源的质量和数量都能满足电子商务教学需求，以更好地实现人才培养目标。具体来看，学校自主建设基于 CDIO 理念的电子商务教学实践平台应注意以下几点。

1. 利于学生职业素质提升和"双师型"教师的培养

学生职业素质的培养涉及学生的专业能力、团队合作、沟通技巧、职业道德等多方面的内容。在电子商务教学实践中，如果学生可以接触到真实的商业案例，与真实的客户互动，解决实际的商业问题，那么学生不仅能够深入理解和应用电子商务的相关知识，还能够提升沟通和团队合作能力，以及职业道德和职业责任感。另外，"双师型"教师是指教师既有扎实的专业理论知识，又有丰富的实践经验。如果教师可以在电子商务教学实践中进行实际的操作，与企业进行合作，开展真实的商业项目，那么，教师不仅可以更新和完善自己的知识体系，还可以将自己的实践经验带入教学，为学生提供更为贴近实际的教学内容。因此，学校在构建基于 CDIO 理念的电子商务教学实践平台时，应该以利于学生职业素质提升和"双师型"教师的培养为导向，为学生和教师提供多种形式的实践活动，让学生应用所学的理论知识，锻炼自身的沟通、协作和决策能力，让教师不断更新自己的知识和技能，为学生提供真实、生动、有趣的教学内容。

2. 利于学校和企业实现真正的"双赢"

在现代教育体系中，学校与企业之间的合作日益紧密。电子商务作为一个不断壮大的行业，对人才的需求也随之增加。在这样的背景下，学校自主建设基于 CDIO 理念的电子商务教学实践平台，不仅可以满足教育的需求，还能够为企业输送合格的人才，从而实现学校和企业的"双赢"。

从学校的角度看，自主建设基于 CDIO 理念的电子商务教学实践平台可以为学生提供一个真实的商业环境，让他们在实践中学习和应用理论知识，培养职业素质和综合能力。这样，学生在毕业后可以更好地适应社会，满足企业的用人需求。同时，平台可以为学校带来更多的资源和机会，如实习、就业、科研等。从企业的角度看，既可以通过平台与学校开展合作，也可以选拔合适的人才，减少人才培训成本。这种合作模式，既可以满足学校的教育和科研需求，也可以满足企业的用人和发展需求，从而实现学校和企业之间的真正"双赢"。

3. 利于实现学校长远规划和持续发展

基于 CDIO 理念的电子商务教学实践平台的建设，应该作为学校长远规划的重要组成部分。因为它可以为学生和社会提供高质量的教育和服务，从而使学校实现真正的持续发展。学校可以按照自己的教育理念、学科特点和人才培养目标来规划和建设电子商务教学实践平台，确保平台的建设和使用贴近学校的实际需求和学生的学习需求，为学生提供更加真实、全面和深入的学习体验，为学校的教学和科研工作提供强有力的支持。同时，电子商务教学实践平台不仅仅是一个为学生提供实践机会的场所，更是一个集教学、科研、实践和创新为一体的综合性平台。学校可以通过平台开展各种与电子商务相关的研究、咨询、培训等活动，为学校带来经济效益和社会影响力，从而推动学校的长远发展。对于学校来说，电子商务实践平台不只是一个教学工具，还可以成为推动学校与社会、特别是与企业之间合作的桥梁。学校可以与企业共同研发新的电子商务技术和应用，推进学科的发展和创新；也可以与企业合作开展实习、实训、就业等活动，为学生提供更加丰富的学习和发展机会。

（二）争取政府资源，推进项目建设

学校可以努力争取政府支持，将基于 CDIO 理念的电子商务教学实践平台建设作为重点推进项目。政府是重要的公共资源分配者，对于学校、科研机构和企业有着举足轻重的影响。特别是在一些需要高投资、高技术和长时间周期的项目中，政府的支持至关重要。学校可以根据自己的实际情况，向政府申请专项资金支持，用于购买设备、建设基础设施、聘请专家等。政府作为国家和社会发展的主导者，对于各个领域的发展都有其明确的政策和计划。学校在电子商务教学实践平台的建设中，有必要充分利用政策和计划，从而获得更多的资源和支持。为此，学校需要与政府有关部门建立紧密的合作关系，共同推进电子商务教学实践平台的建设。学校需要深入了解政府的相关政策和计划，明确自己的需求与政府政策的联系，从中找到与电子商务教学实践平台建设相关的政策，然后根据这些政策提出自己的建设方案和需求。学校可以充分利用政府颁布的一系列优惠政策和支持措施，与企业和科研机构共同开展电子商务应用的研发和实践活动，从而为学生提供更多的实践机会和资源。

在与政府有关部门建立合作关系的过程中，学校需要注意一些问题。例如，如何确保合作双方的权益，如何合理分配合作成果，如何长期维护和发展这种合作关系等。这需要学校有明确的合作策略和规划，确保双方的合作是公平、公正、互利的。

（三）积聚社会资源，内外共同建设

社会是宽广而复杂的，分布着丰富的知识、技能、经验和资源。学校是社会的一部分，是知识和技能的集结地。如果学校能够将更多的社会资源纳入基于 CDIO 理念的教学实践平台的建设，那么这样的平台必定更加完善、高效、与时俱进。一方面，学校可以通过与社会各个领域的企事业单位、非政府组织、专家学者等进行合作，引入更加先进、实用的电子商务模式和技术。这些合作不仅可以帮助学校获取最新的市场和技术信息，而且可以为学生提供更加丰富、真实的实践机会。例如，学校可以与本地的电子商务企业合作，为学生提供实习、实践、项目研发等机会，让他们在实际的商业环境中体验和学习。另一方面，社会资源可以为学校提供资金、技术、设备和人才等支持。许多企业和组织都有义务或意愿为学校的电子商务教学实践平台提供所需的资源。而学校则可以通过这些资源，加强自己在电子商务领域的研究、教学和实践，从而提高自己的教育质量和社会影响力。学校需要积极寻求社会的支持和参与，将电子商务教学实践平台打造成一个开放、合作、共赢的生态系统。在这个系统中，学校、企业等可以共享知识、技能、经验

和资源，共同推进电子商务的发展和创新。

第四节 基于 CDIO 理念电子商务教学评价机制建设

基于 CDIO 理念的电子商务教学评价机制建设是对传统评价方式的重大创新。CDIO 理念强调实践、创新与应用，追求的是学生的综合素质和能力的培养，而不仅仅是传统的知识传授。在这一理念的指导下，电子商务教学评价机制也应当更加注重对学生的实践操作能力、创新思维、团队合作精神和解决实际问题能力的考核。

一、教学评价的基本解析

（一）教学评价的含义

教学评价是对教学过程和教学结果进行系统的、目的明确的评估和分析的活动，旨在了解和判断教学的有效性和效果。教学评价是把教学的各个方面作为一个整体进行的评价，是对教学活动整体做出价值判断。[①]

教学评价是一个系统性的过程，其核心在于根据教学目标，采用科学的方法和技术，对各个教学元素进行深入测量和分析，从而得出一个综合的价值判断。这个价值判断是为了对教学过程和结果进行全面的评估，进而为未来的教学决策提供参考。教学评价并不是孤立的，它始终围绕教学目标展开。评价过程需采用多种有效的技术手段来确保评价的准确性和公正性。教学评价的对象涉及多个方面，从教师到学生，从教学内容到方法，再到教学环境和管理，每一个方面都是评价的对象。在众多的评价对象中，两个方面尤为关键。一是对教师的教学工作进行评价，这涉及教师如何设计、组织和实施教学，不仅是在课堂内，还包括课堂外的各种活动。这种评价的目的是优化教师的教学行为和过程。二是对学生的学习效果进行评价，这可以通过

---

① 王景英.教育评价[M].2 版.北京：中央广播电视大学出版社，2016：217.

各种方式如考试、测试和过程性评价来实现，目的是了解学生是否真正掌握了知识和技能。

（二）教学评价的功能

教学评价的功能主要包括导向功能、诊断功能、激励功能、反馈功能等。

1.导向功能

教学评价的导向功能，就是通过评价对教育活动产生一种影响或指导。这种导向不是强迫性的，而是通过为教师和学生提供明确的反馈，帮助他们了解自己的优点和不足，从而激发他们自我调整和改进的动力。当教师和学生明白了评价的标准和现实状况时，他们就更有可能采取有效的策略，以达到标准要求。例如，当一位教师了解到其教学方法在某些方面未能达到预期的效果时，他（她）可能会调整教学策略，采用更适合学生的方法。同样地，当学生了解到自己在某一学科或技能上的表现未能达标时，他（她）可能会加倍努力，以提高自己的成绩。此外，教学评价有助于确保教育活动与既定的教学目标和标准保持一致。教学评价不只是对教育活动的反馈，更是为确保教育质量而设定的标杆，是衡量教育活动是否与既定的目标和标准保持一致的重要标尺，有助于促进整个教育体系更加有序、高效地运行。

2.诊断功能

教学评价的诊断功能是指教学评价能够检测、分析并为教育活动中的问题提供解决方案。正如医生通过对病人进行诊断来确定病因并制定治疗方案一样，教学评价的诊断功能旨在识别教学中的问题并提供改进之道。

通过教学评价，教师可以了解学生的学习状态和进展。如果某个学生或一组学生在特定的学科或技能上遇到困难，教学评价可以帮助教师识别这些问题。例如，一个学生可能在阅读理解上表现出色，但在写作方面遇到了挑战。这种差异化的反馈可以让教师了解到学生的个体需求，从而为其提供更具针对性的支持。此外，教学评价可以帮助教师识别自己教学方法的优劣。

教师可以通过评价结果来分析自己的教学策略是否有效、是否需要调整或改进。例如，如果一个教师采用了一种新的教学方法，而学生的表现却没有明显提高，那么这种方法可能需要改进或放弃。

3. 激励功能

评价指标的设置对人们的行动具有激励和促进作用。在教育领域，激励是推动学生持续努力、积极探索和不断进步的关键因素。教学评价，作为这一过程的组成部分，可以为学生提供明确的反馈，帮助他们了解自己在学术上的位置和潜在的提升空间。当学生看到自己的努力得到了认可，或者自己在某个领域取得了显著的进步时，这种正面反馈可以增强其自信心和动力。反之，当学生发现自己在某些方面还有待提高时，他（她）可能会更加努力，以弥补自己的不足。对于教师来说，评价结果同样具有激励作用。当看到良好的教学效果时，教师一般会感到欣慰。当看到教学效果不太理想时，多数教师会进行反思，以寻求更好的教学方法。

4. 反馈功能

教学评价能使教师和学生知道教学过程的结果，获知反馈信息。反馈信息在教学中具有重要的调节作用。教师通过这些反馈信息，能够得知自己的教学实践中哪些环节是成功的，哪些环节可能存在缺陷。这使教师能够及时识别出教学中存在的漏洞，如教学方法的选择、教学内容的深度与广度、学生的参与度等。当教师了解到这些信息后，他（她）可以根据实际情况调整教学策略，使其更加贴合学生的需求。通过教学评价的反馈信息，学生能够知道自己在学习过程中的长处和短板，清楚地认识到自己的优势和需要努力的方向。通过对评价结果的深入分析，学生可以调整自己的学习策略，选择更为合适的学习方法，并对自己的学习进度进行自我监控。

（三）教学评价的类型

按照不同的标准，教学评价可以划分为不同的类型（见图 4-5）。按评价功能划分，教学评价可分为诊断性评价、形成性评价和总结性评价；按评价标准划分，教学评价可分为常模参照评价和标准参照评价；按评价主体划分，教学评价可分为自我评价和他人评价；按评价方法划分，教学评价可分为量化评价和质性评价；按评价目的划分，教学评价可分为发展性评价、选择性评价和水平性评价。

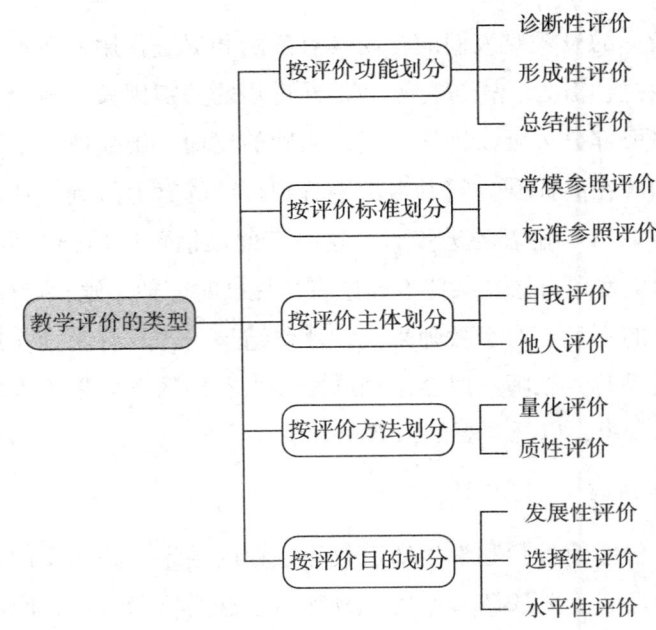

图 4-5　教学评价的类型

1. 按评价功能划分

（1）诊断性评价。诊断性评价是一种在教学前普遍采用的评价方法，可以使教师对学生现有知识和技能水平产生一定的认识，为教师提供制定教学策略的重要参考，以便安排教学。

（2）形成性评价。形成性评价是相对于传统的终结性评价而言的，指在教学过程中，为了解学生的学习情况、及时发现教学中的问题而进行的评价。形成性评价是一种在教学过程中进行的评价，其主要目的是促进学生的学习进展和提高教学质量。形成性评价强调实时的、持续的反馈，以便在教学过程中及时做出调整。

（3）总结性评价。总结性评价是以预先设定的工作目标为基准，对评价对象达成目标的程度即工作效果做出评价。总结性评价是在教学活动的最后阶段进行的评价，其主要目的是确定学生在一个特定的教学单元、课程或学期结束时达到的学习成果或水平。与形成性评价不同，总结性评价关注的是对学生的最终表现和学习成果的评价。

2. 按评价标准划分

（1）常模参照评价。常模参照评价是将一个学生的表现与一个特定群体（常模样本）中的其他学生的表现进行比较。这种评价方法并不直接关心被评价学生是否达到了特定的标准或学习目标，而是关心其相对于特定群体中的其他学生的表现如何。

（2）标准参照评价。标准参照评价是将学生的学习成果与预先设定的学习标准或目标进行比较。与常模参照评价相比，它不是将学生的表现与其他学生进行比较，而是与明确的期望标准或学习目标进行对比。

3. 按评价主体划分

（1）自我评价。自我评价是学生根据一定的标准和要求，对自己的学习过程和学习成果进行的评价。学生在进行自我评价时，可以更清晰地认识到自己的长处和短处，从而调整学习策略和方法。但是学生可能会过于严格或过于宽松地评价自己，导致评价结果不够准确。

（2）他人评价。他人评价通常指的是由教师、同学或其他相关人员对学生的学习过程和成果进行的评价。他人评价往往更加客观，因为评价者不受被评价者个人情感和偏见的影响。但是，评价者的价值观、期望和经验仍可能影响评价结果。

4. 按评价方法划分

（1）量化评价。量化评价是指利用数值、分数或其他可计量的数据来描述和衡量某一对象或过程的评价方法。在教学领域，量化评价常常用于评估学生的学习表现、成果或能力，其结果通常表现为分数、百分比或等级。量化评价通过具体的数值、分数或指标来表示评价结果，这减少了主观判断的干扰，提高了评价的客观性。由于结果是可计量的，不同学生或不同时间段的表现可以进行对比，使评价更具参考价值。但是，量化评价也存在一定的局限性。它侧重于衡量可测量的方面，因此可能会忽略学生的某些非量化的但同样重要的能力和特点，如创造力、批判性思维或团队合作精神等。此外，过分依赖量化评价可能导致对分数的追求超过了真正的学习目的，形成"应试"心态。

（2）质性评价。质性评价是指通过对某一对象或过程的深入描述和解释，而不仅仅依赖数值或分数来进行评价的方法。质性评价着重于对学生的思考过程、学习态度、沟通能力等非量化的方面进行评价，通常采用观察、访谈、案例研究或开放性问答等方式进行。与仅关注结果的量化评价不同，质性评价更加注重学生的学习过程和经验。进行质性评价往往需要更多的时间和努力，对评价者的专业能力和经验也有较高要求。

5. 按评价目的划分

（1）发展性评价。发展性评价是一种以促进学习和发展为主要目标的评价方法。它主要关注学生的学习过程，致力于识别学生的优点和需要进一步发展的地方，从而为教学活动提供有针对性的反馈，帮助学生及时调整学习策略和行为，以达到更好的学习效果。

（2）选择性评价。选择性评价是一种基于确定学生是否满足某一标准或是否适合进入下一个学习阶段的评价方法。其核心目的是进行选择或决策，如选拔、分流、分类等。这种评价通常关注被评价学生是否达到了既定的要求或标准，以确定其是否适合继续学习、晋升或获得某种资格。在教育实践中，选择性评价具有其必要性和价值，有助于确保资源的有效分配、学生的适当分流和教育质量的维持。然而，过度依赖选择性评价可能导致学生过于关注考试成绩，而忽视真正的学习和发展。因此，在实际应用时，需要权衡选择性评价与其他评价方法之间的关系，以创建一个既公平又有助于学生发展的教育环境。

（3）水平性评价。水平性评价是一种旨在确定学生在某一时刻所达到的知识、技能水平的评价方式。它不仅仅是为了对学生进行分类或做出决策，而是为了了解学生在某个学科或技能领域的实际表现和掌握程度。

二、基于 CDIO 理念电子商务教学评价机制的建设原则

学校需要在电子商务专业或相关课程的教学中，建立、完善和实施一套评价机制，以确保学生能够掌握所需的知识和技能。这一机制旨在提高教育的质量和效果，满足学生、教育者和其他利益相关者的需求。学校在建设基于 CDIO 理念的电子商务教学评价机制时，需要遵循整体性原则、客观性原则、动态性原则和多元化原则。

（一）整体性原则

整体性原则是指在评价过程中，要对学生的各方面知识和技能进行全面、综合的评价，而不是片面的或局部的。也就是说，电子商务教学评价机制不应过于偏重某一方面的成绩或表现，而是要综合考量学生在理论知识、实践能力、创新思维、团队合作等多个维度上的表现。

在电子商务领域，学生所需要掌握的知识和技能是相互关联的。例如，良好的市场分析能力需要依赖于扎实的理论知识，而出色的产品设计又需要在此基础上加入创新思维和实践经验。因此，单一、片面的评价很难真实反映出学生的全面能力。因此，学校在建设基于 CDIO 理念的电子商务教学评价机制时，应遵循整体性原则。只有全面、综合的评价，才能更加真实地反映出学生在学习过程中的收获，从而更准确地指导教学活动，满足学生的学习需求。此外，这样的评价方式能更好地激励学生全方位地提高自己，而不是仅仅追求某一方面的高分。这种全面发展的理念与 CDIO 的核心思想相契合，即培养学生从理念到实践、从设计到运作的全面技能。

（二）客观性原则

学校在建设基于 CDIO 理念的电子商务教学评价机制时，应遵循客观性原则，确保评价真实、公正、无偏见。教学评价不应受到主观因素的干扰，如教师的个人偏好、学生的背景或其他非学业相关因素。真正的客观评价要

基于明确的、预先确定的标准，并在整个评价过程中始终保持一致性和公正性。

由于电子商务的实践性很强，因此，学生不仅要学习理论知识，还要掌握多种技能和方法。评价机制则需要确保能够真实反映学生的知识和技能水平。评价的结果直接影响到教学策略的调整、学生的学习动机和未来的职业发展。如果评价缺乏客观性，可能会导致学生对评价失去信心，对教育体制感到失望，甚至对自己的能力产生误解。

同时，客观性原则也与现代教育的核心理念相契合，即尊重学生的个体差异。每个学生都是独一无二的，有着自己的学习风格、兴趣和潜能。客观的评价机制能够使每个学生都得到公平的对待，从而充分发挥学生的潜能。

（三）动态性原则

基于 CDIO 理念的电子商务实践教学，旨在培养学生从构思到设计到实施再到运作的整体能力。这一理念突破了传统的教育模式，强调在真实环境中进行综合实践与创新。在这样的教学模式下，教学内容、方法和工具都在不断地更新与变革，因此，教学评价机制也要具备动态性，以适应这种快速变化的环境。

在电子商务领域，技术和市场环境的变化尤为迅速。新的商业模式、技术手段和消费者行为不断涌现，这要求电子商务的教学内容和方法要与时俱进。因此，基于 CDIO 理念的电子商务教学评价机制也需要具备高度的灵活性和适应性，以反映和评价学生在这种不断变化的环境中的学习成果。另外，学生的学习需求和目标也在不断地变化。随着社会的进步和个体的成长，学生对知识和技能的需求会有所改变。动态的评价机制可以更好地捕捉这些变化，为学生提供更加贴合实际的反馈，帮助他们更好地调整学习策略。

（四）多元化原则

多元化原则是指在建立教学评价机制时，应采用多种评价方法、角度和工具，以获得更全面、真实和深入的评价结果。这个原则强调，学生的学习不仅仅是通过单一的方式或方法进行的，因此，评价学生的学习成果也应当多角度、多层次地进行。学生在学习中不仅要掌握理论知识，还要具备实践能力、团队协作能力、创新能力等多方面的素养。因此，单一的评价方法很难全面地反映学生的这些多方面的学习成果。只有采用多元化的评价方式，才能真实、深入地了解学生的学习状态，提供更为准确的反馈。此外，多元化的评价还可以减少评价的误差。任何一种评价方法都可能存在某种偏见或局限性，但当多种评价方法结合使用时，这些偏见或局限性就会被相互抵消，从而提高评价的准确性和公正性。

三、基于 CDIO 理念电子商务教学评价机制的建设内容

基于 CDIO 理念的电子商务教学评价机制应当是科学合理且便于操作的。教学评价不应是一个形式，而应该是真正反映学生学习状态、知识掌握程度和技能应用水平的工具。它应该贯穿于整个学习过程，从课程学习到实验、实训，再到企业实习，每一个环节都需要有相应的评价机制来保障教学效果。为了更细致地针对不同的教学环节进行评价，评价机制可分为学生课程学习评价机制、学生实验学习评价机制、学生实训评价机制、企业实习评价机制以及教师工作评价机制（见图 4-6）。在实际教学过程中，评价者可以通过各种评价表和调查表，系统地收集学生、教师和企业的反馈。例如，通过课程评价表了解学生对课程内容、教学方法的认同度和满意度，通过项目评价表了解学生在项目实践中的表现和成果，通过调查表了解学生的学习需求、困惑和建议。这些反馈可以提供有关学生知识掌握程度、技能应用水平和整体素质发展情况的信息，发现教师在教学中存在的不足，从而促使教师对教学理念、教学方式、教学方法等方面进行调整和完善。

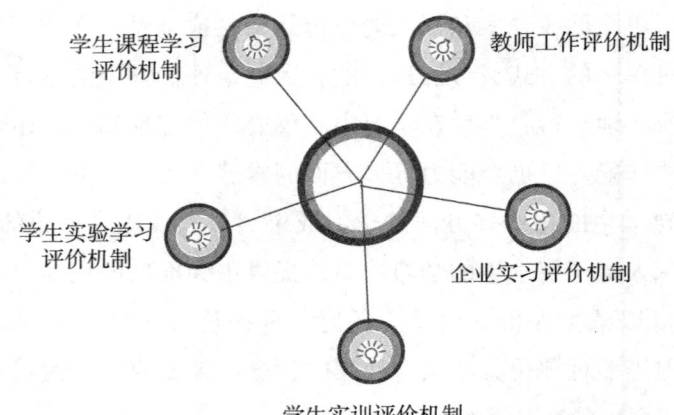

图 4-6　基于 CDIO 理念电子商务教学评价机制的建设内容

（一）学生课程学习评价机制

在构建学生课程学习评价机制时，学校应主要关注学生的学习进度和成果。通过对学生的课堂参与、作业提交、小组项目、课堂讨论和期末考试成绩的综合评价，教师可以深入了解学生对课程内容的吸收和理解情况。此外，教学评价也需要考虑到学生的创新能力、批判性思考和问题解决能力，这些都是电子商务领域中的核心技能。为了使评价更为全面，除教师评价外，学校还可以采用其他形式的评价方式，如学生的自我评价、同伴评价或者基于项目的评价。这些评价方式可以为学生提供一个反思自己学习的机会，也能够使教师从不同的角度了解学生的学习情况。

（二）学生实验学习评价机制

学生实验学习评价机制主要关注于评价学生在实验环境中的表现，重点评价学生如何将理论知识应用于实践，以及在面对问题时的解决策略。这种评价机制的目标是保证学生在实验中能够获得真实、有深度的学习体验，并且能够从中培养关键的技能和能力。

建立学生实验学习评价机制，学校需要明确实验学习的目标和预期成果。这包括确定学生应该掌握的关键技能、理解的核心概念，以及学生应该如何进行批判性思考和解决实际问题。有了这些明确的指导方针，教师和实验室助理就可以为学生设计合适的实验项目，并为其提供必要的指导和支持。在实验学习的过程中，评价不仅仅局限于实验结果的正确与否，更重要的是评价学生的学习过程。教师需要观察学生如何规划和执行实验、如何与同伴合作，以及在遇到困难时如何应对。此外，学生的实验报告也是评价的一个重要组成部分，它可以展示学生对实验结果的解读，以及学生是如何将实验发现与理论知识相结合的。为确保实验学习评价的准确性和公正性，学校需要采用多种评价方法，如学生的自我评价、同伴评价，以及教师的评价等。通过这些多角度的评价，学生可以得到更为全面的反馈，从而更好地了解自己的优点和不足，并据此进行改进。

（三）学生实训评价机制

学生实训评价机制主要评价学生在真实或模拟的商业环境中的实际操作能力和业务处理技能。在电子商务领域，由于其独特的线上交易模式和技术驱动特性，学生的实际操作能力和对电子商务流程的理解尤为关键。因此，学生实训评价机制对于电子商务专业的学生来说是一项至关重要的评价工具。针对电子商务专业，学校在建设学生实训评价机制时需注重以下几个方面：第一，明确实训目标与内容。电子商务涵盖许多领域，如电子商务平台运营、网络营销、供应链管理、数据分析等。学校需根据教学大纲和行业需求，明确实训的重点领域和具体内容，确保学生能够掌握核心技能和知识。第二，设计实际的商务场景。为了让学生能够在实际的环境中进行学习，学校可以与电子商务企业合作，为学生提供实习机会，或者在校内建立模拟的电子商务平台，让学生在此平台上进行实际操作。第三，评价学生的综合能力。在电子商务领域，仅掌握技术和知识是不够的，学生还需要具备团队合作、创新思维、解决问题的能力。因此，评价时不仅要考核学生的操作技能，还要注重其综合能力的培养。

（四）企业实习评价机制

企业实习评价机制是针对学生在企业实习期间的表现、技能掌握和职业态度进行评价的体系。在电子商务专业教育中，企业实习经常被视为将理论学习和实际工作连接起来的桥梁，帮助学生将所学应用到真实的商务环境中。因此，一个健全的评价机制能促进实习生的学习效果和企业的期望得到有效匹配。

建立企业实习评价机制的原因在于，企业实习不仅是学生获得实践经验的平台，而且对于学生在学术和职业之间的转变能够发挥重要的促进作用。一个明确、公正的评价机制能够为学生提供关于其职业技能和态度的反馈，使他们了解自己的长处和需要改进的地方。同时，这也为学校提供了一个了解自身课程与实际业务需求是否匹配的机会，从而促使学校调整课程内容，确保其与行业发展保持同步。学校在建设基于 CDIO 理念的电子商务企业实习评价机制时，需要与电子商务企业建立紧密的合作关系，共同确定实习的目标和内容，确保学生在实习期间能够得到真实、有效的学习经验。这需要双方进行持续的沟通和反馈，确保学生的实习内容与校内课程和企业需求都高度匹配。企业实习评价应考虑多方面的因素，如学生的工作表现、职业态度、团队合作能力、创新思维等。此外，建立企业实习评价机制，学校还需要考虑学生在实习过程中是否能够将所学应用到实际工作中，以及他们对新知识和技能的掌握程度。

（五）教师工作评价机制

教师工作评价机制是对教师教学、科研、学术交流、教育管理及其他相关工作的绩效进行系统性、全面性的评价和反馈的一套程序和标准。这一机制的存在是为了确保教育的高质量、鼓励教师的职业发展、为学校的决策提供数据支持，同时是对社会、学生和家长对教育的信任和期待的回应。在教育生态中，教师是核心的参与者之一。他们不仅传授知识，而且是学生性格塑造、价值观形成的重要引导者。因此，对教师的工作进行持续、系统的评价，无疑是对整个教育系统健康运行的关键保障。

基于 CDIO 理念，教师的角色不仅仅是知识传授者，更是学生学习的引导者和帮助者，协助学生在真实或模拟的环境中通过项目来完成学习任务。电子商务专业作为一门涉及技术、商业、法律和其他多方面知识的学科，对教师的综合能力和教学方法提出了更高的要求。在这样的背景下，针对电子商务专业教师的工作评价机制，不仅是对教师教学质量的检验，而且是一个持续优化和提高教育质量的重要工具。CDIO 理念强调实践性、创新性和整合性。这意味着电子商务专业的教师在教学中需要与时俱进，将最新的行业趋势和技术融入教学，帮助学生建立扎实的理论基础，并将其应用于实际的项目中。因此，建立一个科学、公正、客观的教师工作评价机制是确保教育质量、鼓励教师自我完善和进步的关键。这一机制可以帮助学校发现和解决教学中存在的问题，为教师提供成长的方向和机会，同时为电子商务专业的学生提供更优质的教育资源。只有通过持续、系统的评价和反馈，电子商务专业的教育才能真正做到与时俱进，满足社会和行业的需求，培养出更多的高素质、高能力的电子商务专业人才。

　　基于 CDIO 理念的电子商务专业教师工作评价机制的建立需要考虑多个方面。从评价内容的角度上看，教师不仅需要帮助学生掌握基本的电子商务知识，还需要培养学生的创新能力、批判性思维和解决实际问题的能力。因此，评价机制应该涵盖教师的教学内容、方法和结果。从教学内容上看，教学内容需要与时俱进，反映电子商务行业的最新趋势和技术。教师应该定期参与行业会议、研讨会和其他活动，与行业专家交流，以确保及时更新知识。此外，教师还需要与企业合作，了解企业的需求，为学生提供实际的项目经验。评价机制可以通过检查教师的课程大纲、教材和其他教学材料，以及教师与企业和行业的合作情况，来评估教师的教学内容是否与时俱进。从教学方法上看，教师需要使用创新的教学方法，如案例分析、项目导向的学习、在线学习等，来激发学生的兴趣，培养学生的实际操作能力。评价机制可以通过观察教师的教学过程、收集学生的反馈和评价，以及检查学生的学习成果，来评估教师的教学方法是否有效。从教学结果上看，评价机制需要考虑学生的学术成绩、项目成果、就业情况等指标，来评估教师的教学效果。评价机制可以通过检查教师的专业发展记录、收集同事和行业专家的反馈，来评估教师的专业能力和教育水平。除了这些具体的评价指标，评价机制还需要考虑教师的职业道德、与学生的互动、与同事的合作等软性因素，以确保教师工作评价机制的全面性和公正性。

四、基于 CDIO 理念电子商务教学评价机制的建设策略

（一）以实践和创新为核心

电子商务，从其诞生伊始，便和实践、创新紧密相连。从最早的电子数据交换到今天的多元化线上交易模式，每一次变革都是对应用模式的重新思考和实践探索。因此，在电子商务教学中，单纯的理论知识讲授已经不能满足培养高素质应用型人才的需求。实际的业务场景、真实的交易环境、线上线下的交互模式等，都要求学生具备强大的实践能力。

基于 CDIO 理念的电子商务教学评价机制需要注重学生的实践操作能力。这不仅仅是指在电脑前编写代码，或者完成某个具体任务，而是要求学生能够深入真实的业务环境，理解客户的需求，熟悉各种交易模式，掌握线上交易的技术要求，以及线下的物流、支付等配套服务。这样的实践能力不仅仅依赖于专业技能，还需要学生具备跨学科的知识结构，能够从技术、商业、法律等多个角度来考虑问题。而创新作为实践的延伸和深化，也是电子商务教学的核心要素。在一个快速发展的行业中，仅仅掌握现有的技术和模型是远远不够的。学生还需要具备前瞻性的思考，对未来的趋势和技术进行预测和准备。这就要求教学评价机制不仅仅评价学生的知识掌握和技能运用，还要评价他们的创新思维和创新能力。电子商务领域中的创新可能表现为一个新的商业模型、一个新的技术应用，或者一个新的用户体验设计。无论是哪一种，都要求学生能够结合实际，进行深入的研究和探索。在此过程中，学生不仅需要理论知识的支撑，还需要实践经验的积累。

基于 CDIO 理念的电子商务教学评价机制，应当真正做到以实践和创新为核心，使教学评价从以单纯的知识掌握为核心转向以实践能力和创新思维

培养为核心，以真正实现教育的目标。具体来说，电子商务教学评价应当更加注重对学生实践操作能力的考查。这不仅包括在模拟环境中的操作，还涉及在真实的电子商务平台、供应链、物流系统等环境中的实际操作。例如，一个典型的评价项目可能是让学生在真实的电子商务平台上设计、推广并运营一个产品，考察其在市场定位、产品策划、运营策略等方面的能力。同时，创新思维的培养和评价也应被纳入评价机制中。与传统的知识和技能考察不同，创新思维的评价往往更加注重过程和方法，而不仅仅是结果。一个可能的评价方法是给学生提供一个实际的电子商务问题，要求其提出解决方案，然后对其方案的创新性、实用性和可行性进行评价。为了支持这种以实践和创新为核心的评价机制，教学内容和方法也需要进行相应的调整。传统的课堂讲授应更多地让位于案例分析、团队项目、企业实习等更加注重实践的教学方法；而教学内容则应当更加注重跨学科的整合，强调在真实商业环境中的应用和创新。

（二）注重跨学科知识融合

电子商务不仅仅是一门关于互联网或电子交易的学科，它是一个综合性很强的领域，涵盖了经济学、管理学、计算机科学、市场营销、法学等多个学科的知识。因此，电子商务教育不可能仅仅停留在单一学科的教学上，而是需要深入各个学科，形成一个完整、系统的教学体系。基于 CDIO 理念的电子商务教学评价机制不是评价学生在某一学科的知识掌握情况，而是要评价学生对多个学科知识的整合和应用能力。另外，随着社会和产业的发展，电子商务也将不断地面临新的挑战和机遇。未来的电子商务可能会涉及更多新的学科和领域，如人工智能、大数据、物联网等。这就要求电子商务的学生具有宽广的知识视野，能够迅速适应和应对这些变化。只有在教学评价机制中真正注重跨学科知识的融合，才能确保学生具备这种能力。

（三）注重持续改进和反馈

基于 CDIO 理念的电子商务教学评价机制需要注重持续改进和反馈。电子商务这个领域的特点是快速变化和创新。新的技术、新的市场模式和新的消费者需求不断地出现，这就要求电子商务的教育和培训也需要与时俱进。然而，任何一种教学评价机制都不可能一蹴而就，始终完美无缺。只有通过持续的改进和调整，才能确保评价机制始终与市场和产业的发展保持同步。

反馈是持续改进的关键。在教学评价过程中，学校可以从学生、教师、企业和社会等多方面获取反馈。学生的反馈可以帮助学校了解教学方法和内容是否真正符合他们的学习需要，是否能够帮助他们掌握真正有用的知识和技能；教师的反馈可以提供教学方法和内容的优化建议，有利于提升教学质量；企业和社会的反馈则可以帮助学校了解电子商务人才的真正需求，确保教育的实用性和针对性。随着社会、经济和技术的发展，人们对电子商务的认识和期望也在不断地变化。如果不对评价机制进行调整和更新，就可能导致其与真实需求脱节，造成评价结果的失真。而通过持续改进和反馈，学校可以不断地校正和完善评价机制，确保其处于科学、合理和公正的状态。

第五章 基于 CDIO 理念电子商务教学实践的保障机制

第一节 教师培训与专业发展

教师培训的根本目的在于不断提高教师的综合素质和能力，提升教育教学质量，促进教育的现代化发展。学校实施教师培训，不仅要满足当前的教育需求，还需考虑教师的长期专业发展目标与学校的未来战略方向。与此同时，教师的专业发展也不应仅仅停留在提升教师当前的教育教学技能上。真正的专业型教师，更需要在专业思想、知识、素养、能力等各个层面得到全面提高。只有这样，教师才能够更好地应对教育的挑战，为学生提供更为优质、更具创新性的教育经验。要想真正有效实施基于 CDIO 理念的电子商务教学，学校就需要建立起一个健全的保障机制，加强教师的培训与专业发展。教师作为教学的主体，其素质和能力直接影响到教学的质量和效果。只有当教师队伍真正成为一支高素质、高能力的队伍，电子商务教育才能够真正地发挥出其应有的价值，培养出真正能够适应社会需求的电子商务人才。

一、教师培训与专业发展概述

在教育领域中，加强教师培训与专业发展，能够帮助教师具备当下所需的技能和知识，更好地应对未来的变革与挑战。教师培训的方式很多，如研讨会、工作坊、案例研究和实地教学实践，用来帮助教师获得和提高特定的教学方法和策略。而教师的专业发展不仅涉及教学技能，还包括研究、教育心理学、学科知识更新等内容。教师培训与专业发展并不是孤立的，它们之间存在着内在的联系——培训为教师提供了基础和工具，而专业发展确保这些工具和技能得到持续、深入的应用和拓展。

（一）教师培训的主要方式

教师培训是教育体系中的重要环节，一直受到诸多学者的广泛重视。其目的不仅仅是提高教师的教学技能，更是通过各种方式，促进教师的综合素质和能力的提升，从而进一步提升教育教学的质量。为了满足不同的培训需求，教师培训有着多种形式，每一种形式都有其重点和特色。

1.常规性培训，关注教师的整体性

常规性培训主要是对教师进行常规、基础的知识和技能的培训。这种培训关注教师的整体性，帮助教师掌握日常教学中必备的知识和技能，如教学法、教育心理学、班级管理等。常规性培训是根据学校的具体情境，为教师提供有针对性的培训内容，确保教育教学活动能够在一个稳定和高效的标准下进行。

每所学校都有其独特的文化和特点。这些文化和特点不仅仅体现在学校的办学理念和管理模式上，更多地体现在日常的教育教学活动中。这样的独特性需要经过时间的沉淀，才能成为学校的核心竞争力。而常规性培训正是以这样的背景为基础，为学校的教师提供一个学习和成长的平台。通过常规性培训，学校可以将其优势和经验进行系统的总结和传承。这不仅仅是对学校历史的一种尊重，更是对未来发展的一种规划。教育不仅仅是传授知识，更多的是培养学生的综合素质和能力。而这样的培养是需要有方法的，需要有标准的。常规性培训正是提供这样的方法和标准，来帮助教师在教育教学活动中找到准确方向的。除此之外，常规性培训还针对不同阶段的教师提供有针对性的培训内容。对于新入职的教师，常规性培训可以帮助他们快速地融入学校的文化，理解学校的办学理念和教育教学方法。对于资深的教师，常规性培训可以为他们提供新的教育教学理念，帮助他们不断更新自己的知

识结构，提高自己的教育教学能力。

常规性培训更加注重实践，也更加注重结果。它并不是简单地进行理论的灌输，而是结合实际的教育教学情境，为教师提供真实、有效的教育教学策略。这样的培训方式确保了教师可以对所学到的内容进行实际应用，从而有助于提升教学效果。

2. 跟踪式培训，关注教师的发展性

跟踪式培训是一种持续对教师进行指导、反馈和帮助的培训方式。这种培训不仅仅局限于一次性的教学和学习，而是随着时间的推移，对教师在工作中的表现和成长进行持续的跟踪和指导。因为教育教学是一个长期、复杂的过程，需要随着时间和环境的变化进行持续的调整和完善。每一个教师都有自己的特点、习惯和方式，在教育教学中遇到的问题和挑战也各不相同。跟踪式培训正是针对这些差异性，为每一个教师提供有针对性的帮助和支持。

跟踪式培训对于提高教育教学质量有着重要作用。通过持续的跟踪和指导，教师可以及时地发现和解决工作中的问题，从而不断地提高自己的教育教学水平。同时，跟踪式培训为教师提供了一个学习和成长的平台。在这个平台上，教师不仅可以得到技术性的帮助，而且可以得到心理和情感上的支持。除了有助于提高教育教学质量，跟踪式培训还有助于提高教师的专业素养和能力。在现代社会，教育教学的要求和标准在不断地提高，教师需要不断地学习和成长，才能满足这些要求和标准。跟踪式培训能够为教师提供这样的机会，使他们可以随着时间的推移，不断地提高自己的专业素养和能力。

3. 结对式培训，关注教师的互助性

结对式培训是将经验丰富的教师与新入职或较为年轻的教师配对，形成一个互助、互补的教学团队，从而达到共同提高的目的。在结对式培训中，双方都是主体，互为导师和学员。经验丰富的教师在指导新教师的过程中，也能够从新教师那里获取新的教育理念和方法。新教师则可以在短时间内得到经验的传承，迅速提高自己的教学水平和解决实际教学中的问题。

结对式培训的一个显著特点是其双向性。这不是一种单向的知识和经验传递，而是一种双向互助和共同成长。这种培训方式注重实践和实际操作，注重实际教学中的问题和挑战。通过双方的共同努力，结对式培训能够确保教学方法和理念得到及时、有效的传递和应用。一般来说，新教师在结对培训中受益更多。结对式培训为新教师提供了一个迅速成长的平台，通过与经验丰富的教师的紧密合作，新教师能够迅速地掌握教育教学的基本技能和方法，提高自己的教育教学质量。

4. 专题式培训，关注教师的需求性

专题式培训是根据特定的教育教学需求、问题或挑战，精心设计和组织的专题式培训活动。它的核心在于聚焦某一主题，通过系统化、模块化的培训内容，为教师提供深入、专业的指导和帮助。与其他培训方式相比，专题式培训更加注重某一具体的教育教学问题或需求，旨在对该问题进行深入的研究和探讨，帮助教师获得更加系统、专业的知识和技能。这种培训方式往往结合当前的教育教学环境、政策、技术和方法，针对性地设计培训内容和方法，从而使教师能够得到实际、有效的帮助。

专题式培训可以帮助教师深入学习专业的知识和技能，进而提高教育教学的质量和效果。通过专题式培训，教师能够对某一具体的教育教学问题或需求有更加深入的了解和掌握，从而在实际教学中更加得心应手、游刃有余。同时，这种培训方式还有助于教师扩展自己的教育视野，对教育的全局和趋势有更加清晰、全面的认识。此外，专题式培训还能够促进教师之间的交流和合作。专题式培训聚焦某一主题，往往能够吸引具有相同兴趣和需求的教师参与，而在培训过程中，相同的兴趣和需求会促使教师相互分享自己的经验和方法，相互学习、相互启发，从而形成互助、互补的学习氛围。

5. 课题式培训，关注教师的拓展性

课题式培训着重于通过深入的科研课题探索，来解决教师在教学过程中所面临的问题和挑战。这种培训形式鼓励教师在实践和理论之间建立紧密的联系，从而在教学方法和理念上取得新的突破。其目的不仅仅是解决眼前的难题，更是为了激发教师在教育教学领域中的探索精神和创新意识，推动教师在教学实践中不断更新观念、扩展知识、提高技能，使其逐步成长为既能适应当前教育教学需求又能持续成长的专业人才。在这种培训形式中，教师之间通常会组成研究小组，以团队合作的方式深入研究来自实际教学中的课题，确保理论与实践的有机结合。

课题式培训是问题导向的，在课题式培训中，教师不是简单地学习某种技能或知识，而是围绕实际的教育教学问题进行学习。这样的学习更加深入、具体和实际。此外，课题式培训涉及多种研究方法的综合运用，如文献调查、实地观察、实验研究等，因此，它可以帮助教师提高自己的专业能力。通过对特定的教育教学问题进行深入的研究，教师可以获得更加深入、系统的知识和技能，从而更好地应对实际的教育教学挑战。

（二）教师专业发展的内容

教师的专业发展主要包括专业精神的发展、专业知识的发展、专业能力的发展和专业自我的发展。

1. 专业精神的发展

专业精神是每个行业中的优秀人才所必备的敬业精神、奉献精神等。对于教师这一职业来说，专业精神主要是指教师对待教育事业的态度、信仰和行为准则，是教师日常工作中的指引。

（1）对教育事业的忠诚、热爱和奉献。教师的工作远不仅仅是课堂上的教学。每一位真正热爱教育事业的教师都能深刻感受到，教育是一项神圣的使命，关系到国家的未来和整个社会的进步。对于教育事业的忠诚和热爱，不仅体现在对学生的热爱上，还表现为对所教学科的深入钻研，对教育方法的不断探索，以及对整个教育制度的关心与思考。这样的教师，在为学生付出时，不会觉得疲惫，而是会从中找到乐趣和意义。

（2）对专业理想永无止境的追求。教师的专业理想不应局限于完成日常的教学任务，而是要对教育事业有长远的规划和期望。教师应该希望通过自己的努力，在教育领域留下深远的影响。这样的理想追求会使教师在面对困难时不会轻易放弃，而是愿意不断自我挑战，突破自我，努力达到更高的教育境界。

（3）对专业道德规范与行为准则的自觉遵守。真正具备专业精神的教师，会在日常工作中自觉地去遵守专业道德规范与行为准则，并将其内化为自己的行为习惯。这样的教师无论是在与学生的互动中，还是在同事之间的合作中，都会表现出教师应有的美好形象。

2. 专业知识的发展

作为教育者，教师需要不断更新自己的知识体系，以满足时代的发展和学生的需求。这不仅包括学科知识的深化和拓展，还包括教育学、心理学等跨学科领域的知识。教师应当成为学习型的人，不断追求知识的深度和广度，这样才能够在教学过程中为学生提供更丰富、更有深度的内容。

教师的专业知识不仅包括其所教学科的内容，还包括教育学、心理学、教育技术等多个与教育教学紧密相关领域的知识。教师的教学能力在很大程度上取决于其拥有的专业知识。专业知识的深厚度往往决定了教师在教学中的独特性和创新性。拥有充分的专业知识，教师才能更好地设计课程，引导学生深入探索，促进学生的全面发展。在当今这个信息爆炸的时代，知识的积累和传播速度之快，使任何领域的知识都不可能长久地保持其原始状态。因此，教师在其职业生涯中，需要对专业知识保持持续的兴趣和探索的态度。教师需要不断地整合、反思和应用专业知识，因为知识的积累不等同于知识的掌握。教师应当能够在实际的教学中应用这些知识，将它们与实际相结合，为学生提供真实、有意义的学习体验。

在实际教学过程中，教师可能会发现理论知识与实践之间存在某种差异。这种差异会促使教师对已有的知识进行反思和修正，从而促进知识的深化和完善。同时，教师在实践中遇到的问题，也可能成为其进一步探索和研究的动力，推动其在专业领域上不断前行。

3. 专业能力的发展

专业能力是指教学技巧、组织管理、与学生沟通等多方面的能力，它是教师专业素养的重要组成部分。在教育教学实践中，教师会遇到各种复杂的教育教学情境和挑战，这就要求教师具备一定的专业能力，能够灵活应对、因材施教。

根据教育活动的实施情况，教师的专业能力主要包括以下内容。

（1）人际交往能力。学生是教师的主要交往对象。教师需要深入了解每一个学生，以便更好地与学生沟通和互动，找到适合学生的教学方法。这需要教师具有敏锐的观察力、同情心和包容心，能够真正听到学生的声音，理解学生的需求，并给予适当的支持和指导。

（2）语言表达能力。无论是在讲台上还是在与学生的一对一沟通中，清晰、准确、有条理的语言能够帮助教师更好地传达信息，引导学生思考并解决问题。身体语言作为非言语交流的一种形式，同样具有重要的传递信息的功能。适当的身体语言可以增强教师的语言表达，使信息传递更为直观和生动。

（3）组织和管理能力。课堂上的教学活动、课后的教学辅助活动，都需要教师井然有序地进行组织和管理。成功的组织和管理不仅能够确保教学活动的有效性和高效性，还能为学生创造一个和谐、积极、有序的学习环境，从而促进学生的全面发展。

（4）运用现代教育技术手段的能力。随着科技的迅速发展，现代教育技术手段已经成为教育教学的重要组成部分。计算机、多媒体等工具为教师提供了更为丰富和多样的教学方法，能够帮助教师更好地呈现信息、激发学生的兴趣和参与度。教师应该努力学习和掌握这些技术，使其成为教育教学的有力助手，从而提高教学质量和效果。

（5）教育教学研究能力。教育教学研究能力不仅涉及对教育教学内容、理论、实践等的研究，还涉及对自身能力和他人的研究。通过对教育教学的持续研究，教师能够更为敏锐地捕捉到存在的问题，而不是盲目地遵循传统教学方法。针对发现的问题，教师需要从不同的角度出发，寻找最佳的解决策略，这通常涉及对不同教育理论和实践的综合运用。在解决问题的过程中，教师既要发挥自己的主观能动性，也要对教育活动进行深入的反思，这有助于教师持续优化教学策略，从而更好地满足学生的学习需求。教师在研究教育教学时，不仅会增强对外部环境（包括他人教学特点）的认知，还能够深化对自己专业技能和教学方法的了解。随着对不同情境的研究与应对，教师在实践中的能力会逐渐得到增强，而对教学活动的持续反思也会使教师在专业发展中形成更为明确和深入的自我认知。

4. 专业自我的发展

教师的专业自我，就是教师在职业生活中创造并体现符合自身志趣、能力与个性的独特的教育教学方式，以及个体自身在职业生活中形成的知识、观念、价值体系与教学风格的总和。[①]

在教师的职业生涯中，随着经验的积累和不断的自我反思，教师会更加明确自己的职业理想和目标。每一个成功的教学经验，每一次与学生的深入互动，每一次对教育教学理论的探索和学习，都有助于教师构建和完善自己的专业自我形象。这种自我形象不是一成不变的，它会随着时间和经验而逐渐演化，反映出教师对教育教学的深入理解和对自己职业生涯的规划。同时，专业自我也与教师的自主性和自我效能感密切相关。教师在教育教学活动中的自主性是其开展教学创新和教育研究的基础，而自我效能感则关乎教师对自己能够成功完成教育教学任务的信心。这两者都能为教师提供动力和决心，促使其追求卓越、不断地完善自己。另外，教师对于自己职业生涯的规划和追求也是专业自我的重要组成部分。教师可能会设定个人的教育目标，选择参与某些专业发展活动，或是追求更高的学历和资格。这些都体现了教师对于自己的期望和对教育的热情。

---

① 罗文浪，戴贞明，邹荣，等.现代教育技术 [M].北京：北京理工大学出版社，2015：151.

（三）教师培训与专业发展的关系

教师培训与专业发展之间存在着相互依赖和补充的关系。教师培训为教师的成长提供了基础和工具，而专业发展使这些工具得到更好的利用并随着时间的推移得到不断的完善。

教师培训是专业发展的基础。它为教师提供了所需的基本知识和技能，使他们能够适应教学环境，满足学生的学习需求。教师培训使教师了解教育教学的当前趋势、策略和方法，确保他们与时俱进。这不仅有助于教师初步融入教育教学领域，还为他们在更高层次上探索和成长创造了可能性。简言之，教师培训为教师的专业发展提供了起点和方向。

专业发展是教师培训的延伸和深化。它涉及教师职业生涯中的持续学习和成长，以使教师不仅满足最初的培训要求，而且能够适应教育教学领域的变化和挑战。专业发展关注教师的长期成长，鼓励他们在实践中应用所学，并在经验和新知识的指导下持续优化教学方法。它为教师提供了一个平台，使他们能够反思自己的实践，寻找新的学习机会，从而保持教学的活力和效果。从这个角度看，专业发展为教师培训注入了生命力，使其在日常教学中得到实际应用，并随着时间的推移而持续进化。

二、加强教师培训与专业发展的重要性

基于 CDIO 理念的电子商务教学强调实践和应用。为了满足这一要求，教师需要具备丰富的实践经验和深厚的理论知识。这也意味着，教师不仅要作为一个学习者，不断地学习和更新自己，还要作为一个指导者，帮助学生探索和应用。因此，教师培训与专业发展成了实现这一目标的关键。学校应定期为教师提供专业培训，使他们与业界保持紧密的联系，了解业界的最新技术和发展趋势。

具体来看，在开展基于 CDIO 理念电子商务教学实践的过程中，加强教师培训与专业发展的重要性主要体现在以下几个方面。

（一）有助于提高教学质量，适应教育变革

教育的核心是教与学的过程。经过培训的电子商务教师能够更有效地传授知识，使用更为合适的教学方法和技巧，使学生更好地理解和掌握所学内容。此外，对于新的教育技术或教学策略的培训能使教师更为灵活地调整教学方式，提高教学的针对性和有效性。

电子商务这一行业的特点是变化迅速，技术持续进步。例如，随着大数据、人工智能、区块链等技术的发展，电子商务的运营方式、客户关系管理、供应链优化等都在发生深刻变革。这就要求电子商务教师要具备前瞻性，随时掌握行业的最新动态，将最新的技术和模式引入教学。而这恰恰是加强教师培训和专业发展所能带来的益处。在参与教师培训的过程中，教师可以与行业专家进行深入交流，了解行业的最新发展和未来趋势。这样，教师不仅可以及时调整教学内容，确保教学内容与行业实际相匹配，还可以为学生提供更多的实践机会，例如与企业合作开展实践项目，让学生在实际工作中应用所学知识。而适应教育变革是时代发展的必然要求。随着社会的进步，教育也在发生深刻变革，在线教育、混合式学习等新的教学模式正在逐渐普及。电子商务教师需要具备这些新技术和新模式的教学能力，以满足学生的多样化学习需求。而这些能力，正是可以通过教师培训和专业发展来获得的。因此，加强教师培训与专业发展是提升教育质量、推进教育变革的重要手段。学校有必要加强和重视教师培训与专业发展，使教师成为学生学习的引导者、合作者，充分给予学生适合的教育，帮助学生做好进入职场的准备。

（二）有助于促进教师的专业成长

在开展基于 CDIO 理念的电子商务教学实践过程中，学校需要为教师提供一个平台和机会，让教师能够不断更新知识、提高技能、拓宽视野，从而使教学内容更加贴近实际，更有助于培养学生的综合能力。通过参与各种研讨会、研究项目和国际交流，教师可以与其他教育工作者交流经验、分享成果，从而不断提高自己的教育教学水平。加强教师培训与专业发展，有助于

建立一个积极、健康、持续的教育生态环境。在这样的环境中，教师能够获得更多的支持和鼓励，更愿意投入教育教学，更有动力追求卓越、为学生提供更好的教育教学服务。此外，教师在培训中所获得的不仅仅是知识和技能，更多的是一种教育态度和教育情怀。他们会更加明白，教育不只是传授知识，更是培养人。他们会更加珍视与学生的互动，更注重培养学生的独立思考和创新能力，更愿意为学生的成长付出努力。

（三）有助于促进学生的全面发展

在开展基于 CDIO 理念的电子商务教学实践过程中，加强教师培训与专业发展，有助于促进学生的全面发展。接受过 CDIO 理念培训后，教师在教学中会更加注重学生的实践能力培养，更愿意鼓励学生进行创新设计，更有信心和能力指导学生将所学知识落地执行，并教导学生如何有效地运营自己的项目。这种教学模式，无疑会为学生提供一个更加宽广、深入、系统的学习平台，帮助他们在理论与实践中找到平衡，促进他们的全面发展。

加强教师培训与专业发展，会在一定程度上提高教师的综合素质和专业水平。一个具备高水平的教师团队，不仅可以为学生提供更加丰富和深入的课程内容，还可以为学生提供更加有效的指导和帮助，使学生在遇到问题和挑战时，得到更加及时和有针对性的支持。这对于学生的自我认知、自我驱动、自我调整等能力的培养都具有非常重要的意义。另外，电子商务对人才的需求是多方面的，不仅包括专业技能，还包括创新思维、团队协作、跨界沟通等综合素质。加强教师培训与专业发展，有助于教师对学生综合素质的培养，有助于使学生在未来的职业生涯中更加从容、自信，更有竞争力。

三、加强教师培训与专业发展的策略

（一）定期举办或鼓励教师参加教育会议和研讨会

基于 CDIO 理念的教育模式强调构思、设计、实施和运作的整合式教育体验，而这种体验对教师提出了更高的要求。通过参与教育会议和研讨会，教师能够了解和学习到其他教育工作者在 CDIO 理念实践中的经验和成果，从而为自己的教学带来新的启示。电子商务作为一个综合性强、跨学科的领域，需要教师具备多元的知识和技能，以及创新和适应能力。在这样的环境中，单靠学校内部的培训和研究往往难以满足教师的专业发展需求。教育会议和研讨会能够为教师带来更宽广的视野，帮助他们建立跨学科的合作关系，从而更好地满足 CDIO 理念下的教育要求。此外，参与教育会议和研讨会还能激发教师的教育热情和职业归属感。在与其他教育工作者的交流中，教师能够得到认同和鼓励，从而更加坚定地投入教育教学工作。同时，面对教育教学中的困境和挑战，教师可以从教育会议和研讨会中获得支持和帮助。因此，学校需要定期举办或鼓励教师参加教育会议和研讨会，并鼓励他们分享所学的内容和经验。例如，组织内部研讨活动，让参会教师向同事分享所见所闻，从而实现知识和经验的共享。

（二）为教师制定职业发展路径，并提供资金支持

为更好地开展基于 CDIO 理念的电子商务教学实践，学校需要为教师提供一个明确且可行的职业发展路径，并为其提供必要的资金支持，以确保教师在追求专业成长的过程中能够得到有效的指引和支持。

制定教师的职业发展路径，意味着为教师明确其职业生涯的目标和方向。这个路径不仅要考虑教师当前的能力和成就，还需要预测未来教育的发展趋势，确保教师的成长方向与时俱进。这样的路径设计有助于教师清晰地认识自己在整个教育体系中的位置，了解自己需要哪些知识和技能，从而更加有针对性地进行专业发展。此外，为教师提供资金支持，不仅可以帮助其获得更多的学习和成长机会，还能激励教师更加积极地投身于教育事业。这些资金可以用于教师参加各类专业培训、研讨会，购买教育资源，或者进行教育研究和实践。为教师制定职业发展路径并提供资金支持，有助于促进教师的专业成长，有助于促进电子商务教育质量的提高，进而有助于实现电子商务教育的可持续发展。

（三）与其他学校、教育研究机构或企业建立合作关系

为加强教师培训与专业发展，学校可以与其他学校、教育研究机构或企业建立合作关系。学校与其他学校的合作，能为教师提供一个更广阔的学术交流平台。不同学校有着各自的教育特色和优势，教师能够在交流中吸取先进经验与方法，加深对教育教学理念的理解和掌握。通过相互的学术交流和实地考察，教师可以形成更加完善的教育教学方法。而教育研究机构往往拥有最新的教育研究成果和理论，教师在与其合作中，可以直接参与到前沿的研究项目中，丰富自己的学术深度，同时，这能为教师的教学实践提供理论指导。例如，某个研究机构可能正在研究如何利用人工智能辅助教育教学，教师可以在合作中学习到这些新的方法，并尝试将其应用到自己的教学中。与企业建立合作关系，则能为教师培训与专业发展带来实践与现实的链接。在当前的教育背景下，培养电子商务专业学生的就业能力和创新能力变得尤为重要。企业作为直接的用人单位，对于岗位所需的知识和技能有着深刻的理解。教师可以通过与电子商务企业的合作，了解到市场的最新需求，从而调整自己的教学内容和方法，确保学生的学习内容与社会的需求相匹配。此外，电子商务企业还可以为教师提供实地了解和培训的机会，使其更好地理解和掌握行业的实际情况。

第二节　实验室与实践基地建设

实验室与实践基地是电子商务实践教学的重要平台，也是培养学生创新创业能力的重要场所。实验室可以为学生提供一系列模拟真实电子商务环境的工具和资源，使学生可以模拟真实的商务活动，如建立和管理一个电子商务网站、分析真实的消费者数据等。而实践基地可以提供与实际企业和市场的接触，如与真实的电子商务企业合作，参与企业的日常运营，或者实地考察、体验电子商务的全链条流程。为更好地开展基于 CDIO 理念的电子商务教学实践，学校需要加强实验室与实践基地建设。

一、实验室与实践基地建设的必要性

电子商务是一门实践性较强的学科，因此学校在电子商务专业教育过程中，应当着重培养学生的专业基础技能，特别是培养学生的实践操作能力。实验室与实践基地的建设，正是为了满足这一培训需求，为学生提供一个亲身参与、深入实践的场所，使他们在真实的商务环境中磨炼技能、积累经验。

具体来看，实验室与实践基地建设的必要性主要包括以下几点（见图5-1）。

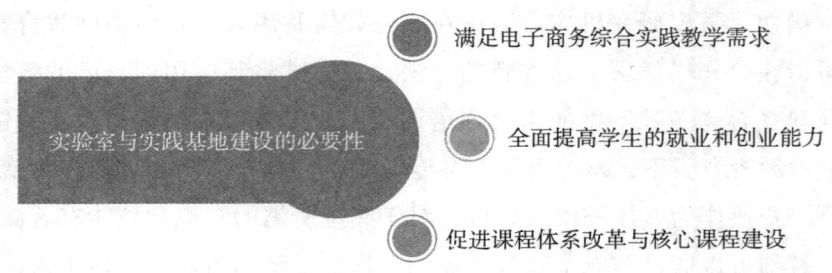

满足电子商务综合实践教学需求

实验室与实践基地建设的必要性

全面提高学生的就业和创业能力

促进课程体系改革与核心课程建设

图 5-1　实验室与实践基地建设的必要性

（一）满足电子商务综合实践教学需求

为了培养真正具备实践能力的电子商务专业人才，学校应当为学生提供一个既系统又真实的实践环境。

电子商务涉及的业务领域广泛，从网站建设、系统管理，到商品上架、订单处理，再到市场推广、客户服务等，每一个环节都需要独特的实践技能。实验室的作用就是为学生提供一个模拟真实业务环境的场所，让学生能够通过实验和操作，直观地理解、体验这些业务流程，培养对电子商务的整体认知与操作技能。而实践基地除了能够提供真实的业务环境之外，还能够让学生直接参与到真实的电子商务活动中，与真实的商家、客户、供应链等交互，体验电子商务的实际运营过程。这样的经验，不仅仅是技能的磨炼，更是对学生实际应用能力的锻炼。在电子商务的课程设置中，许多模块都要求学生进行实践操作。例如，在网站设计课程中，学生需要真正建设一个电子商务网站；在市场营销课程中，学生需要参与真实的推广活动。在没有实验室和实践基地的情况下，这些要求几乎是难以实现的。只有学校为学生提供这样的硬件条件，学生才能真正进入电子商务的实践环境，真正体验和学习。因此，为了满足电子商务综合实践教学的多元化和实际化需求，实验室与实践基地的建设不仅是必要的，而且是至关重要的。

（二）全面提高学生的就业和创业能力

在当今的社会背景下，学生的就业和创业能力已经成为他们未来发展的核心竞争力。电子商务专业由于其综合性、实践性以及日益增长的市场需求，对学生的能力提出了更高的要求。而建设实验室与实践基地，对于提高学生的就业和创业能力至关重要。

实验室与实践基地可以为学生提供模拟真实商务环境的平台。这种模拟不仅涉及技术应用，而且涉及市场策略、客户关系、供应链管理等多方面的实际操作。在这样的环境中，学生不是被动地接受知识，而是成了主动的参与者，需要解决真实的问题，面对真实的挑战，这种体验对于他们未来的职业生涯无疑是最好的预演。在这里，学生可以将课堂上刚刚学到的知识应用到实践中，这种即学即用的过程能够增强学生的知识吸收与应用能力。而这样的能力在未来的职业生涯中，无疑会成为他们的核心竞争力，帮助他们更快地适应工作环境、更好地完成工作任务。

此外，通过在实验室与实践基地中的实际操作，学生可以更加明确自己的职业兴趣和方向。他们可以尝试不同的电子商务业务模块，找到自己真正热爱并擅长的领域。这种对自己未来职业方向的明确，对于他们更好地进行职业规划、更加有目标地进行学习和提高，具有重要的意义。进一步来看，实验室与实践基地还能够为学生提供与真实企业的接触机会。学生可以与企业进行合作，为企业解决实际问题，甚至参与到真正的商务活动中。这样的经验不仅可以增强学生的实践能力，还可以为他们积累宝贵的社会经验和人脉资源。这样一来，当他们毕业时，他们已经拥有了一定的社会基础，这对于他们找到合适的工作或是开始自己的创业都会有很大的帮助。

（三）促进课程体系改革与核心课程建设

CDIO 理念强调在真实或仿真的工程环境中，让学生从构思、设计、实施到运作全过程中进行学习。其核心目的是让学生真正掌握知识，并能将其应用于实践。为了满足这一要求，学校需要加强实验室与实践基地建设，促进课程体系和核心课程的建设。电子商务专业的核心课程包括电子商务基础、网站设计与开发、电子支付系统、网络营销、供应链管理等。这些课程具有强烈的实践性，需要学生在真实或仿真的环境中进行学习和操作。传统的课程体系多注重理论知识的传授，忽视了实践操作的重要性。而在实验室与实践基地的支撑下，课程体系得以进行深入的改革。课程内容不再停留在理论层面，而是更多地融入实践操作的环节。这种改革使课程更为接地气，更能够满足行业的实际需求。教师可以根据实验室与实践基地的资源，设计出更为生动有趣、贴近实际的教学案例，使学生在学习的过程中，能够更加直观地感受到知识的应用价值。

二、实验室与实践基地的建设原则

基于 CDIO 理念的电子商务实验室与实践基地的建设原则主要包括先进性与前瞻性原则、实用性与经济性原则、融合共用性原则、兼容拓展性原则等（见图 5-2）。

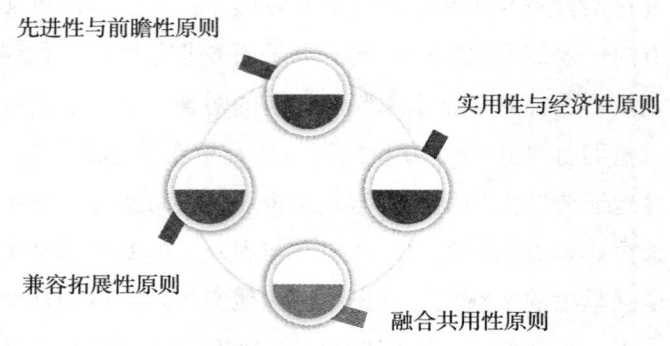

图 5-2　基于 CDIO 理念实验室与实践基地的建设原则

（一）先进性与前瞻性原则

对电子商务专业来说，实验室与实践基地是教育和研究的重要载体。在建设实验室与实践基地时，学校需要遵循先进性与前瞻性原则。先进性原则强调的是实验室与实践基地在技术、设备、方法等方面应与时俱进，符合当前电子商务领域的发展水平。只有这样，学生和教师在进行学习、研究和实践时，才能真正接触到业界的前沿，为日后的就业、创业、科研打下坚实的基础。前瞻性原则要求不仅要看到眼前，而且要预测未来的发展趋势，确保实验室与实践基地的长期有效性和适用性。在电子商务这样一个发展迅速的领域，如果仅仅局限于现有的知识和技术，那么很快就会被时代所淘汰。因此，为学生提供一个与时俱进、具有前瞻性的学习和研究环境，不仅可以帮助他们更好地掌握当前的知识和技能，而且可以培养他们的创新思维和未来预测能力。

为建设实验室与实践基地，学校可以与企业、研究机构建立合作关系，定期获取关于新技术、新方法的信息。企业往往比学校更敏感于市场的变化。通过与企业合作，学校可以更快地获取行业的最新信息，同时可以为学生争取到更多的实践机会。

（二）实用性与经济性原则

实用性原则关注的是设施与资源是否能够满足教学与研究的实际需求，是否能够为学生和教师提供真实、贴近实际的学习与研究环境。电子商务是一门高度实践性的学科，涉及的技术、工具、方法等都在快速地更新与演变。如果实验室与实践基地仅仅是形式上的存在，不能够为学生提供真实的操作体验，那么其存在的意义就大打折扣了。电子商务不仅仅是理论知识的学习，更重要的是将这些知识应用于实际，解决真实的问题。因此，实验室与实践基地所拥有的资源应当是实用的，能够帮助学生将所学与实践相结合，提升实际操作能力。

经济性原则强调的是成本与效益的平衡。学校在建设实验室与实践基地时，要考虑到投入与产出之间的关系，确保每一分钱都能够用到刀刃上。电子商务领域的技术与工具更新速度非常快，如果盲目追求技术的新颖性，不考虑其实际的应用价值，很容易造成资源的浪费。此外，经济性原则还要求学校在建设实验室与实践基地时，要考虑到长远的发展，避免短视的决策导致的后期维护与升级的高额成本。

电子商务专业的教育目标是培养学生的综合素质与能力，使他们能够适应社会的需求，为社会和行业的发展做出贡献。而实验室与实践基地正是实现这一目标的重要工具。如果学校建设的实验室与实践基地不能够满足学生的实际需求，不能够为学生提供真实、有意义的学习与研究经验，那么其存在就几乎没有了意义。如果学校在建设实验室与实践基地时，不考虑经济性原则，盲目追求形式上的豪华与完备，那么可能会造成资源的浪费，无法为学生提供真正有价值的教学与研究条件。因此，学校在建设实验室与实践基地时，需要遵循实用性与经济性原则。

（三）融合共用性原则

电子商务专业作为一个跨学科的综合领域，涉及商业策略、计算机科学、法律、市场营销等多个领域。这种跨学科的特性要求电子商务的教学与实践不能仅仅局限于一个狭窄的领域，而是应该在更宽泛的范围内进行整合与创新。而融合共用性原则，在电子商务实验室与实践基地的建设中，正是为了满足这种跨学科的综合特性。

融合共用性原则指的是实验室与实践基地在建设与运营中，应该注重跨学科、跨领域、跨专业的整合与融合，并且鼓励各种资源的共享与共用。这一原则的核心思想如下：避免资源的重复建设与浪费，提高资源的利用效率，为教学与研究提供更为宽广、多元的环境。电子商务作为一门新兴的学科，其快速的发展与变革，使相关的技术、方法、理念等也在不断地更新与进步。在这样的背景下，单一、封闭、独立的实验室与实践基地很难满足电子商务教学与研究的需求。如果学校能够将不同的资源、技术、理念整合到一起，形成一个开放、多元、综合的实验室与实践基地，那么学生和教师就能够在这样的环境中，更好地开展教学与研究活动。实验室与实践基地不应是电子商务专业的学生与教师的"独享"，而是应该开放给其他相关的学科、专业、领域，鼓励交流与合作。电子商务与其他学科、专业、领域之间存在着丰富的交叉与融合，只有通过这样的交流与合作，才能够推动电子商务的发展，培养出真正的复合型人才。

（四）兼容拓展性原则

兼容拓展性原则指的是在设计和建设电子商务实验室与实践基地时，要考虑到未来的技术进步、学科发展以及可能的新需求。学校不仅要满足当前的教学和研究需求，还要为未来的发展预留空间和可能性。简言之，这一原则强调实验室与实践基地在满足当下需求的同时，要有预见性地考虑到长远的未来，并为此做好充分准备。

电子商务作为一个充满活力的领域，其技术和模式正处于不断发展与变革之中。从早期的简单网上购物到现在的跨境电子商务、智能供应链、大数据分析以及虚拟现实购物等，人们可以清楚地看到，这个领域每隔一段时间就会涌现出一些新的技术和模式。这种快速发展意味着，如果学校在建设实验室与实践基地时只考虑当前的需求，那么很可能在不久的将来，这些设施就会变得过时，不能满足新的教学和研究需求。此外，随着技术的进步，电子商务与其他领域，如人工智能、大数据、物联网等，正日益紧密地结合在一起。这种交融使电子商务的研究和教学范畴不断拓宽，所需的实验和实践环境也变得更为复杂。遵循兼容拓展性原则，需要学校在建设实验室与实践基地时，不仅考虑到电子商务自身的发展，还要考虑到电子商务与其他领域的交融和整合。

兼容拓展性原则的核心在于"预见性"。这要求学校在设计和建设实验室与实践基地的过程中，要具备前瞻性的视野，不仅要深入了解电子商务当前的发展状况，还要对其未来的发展趋势有所了解和预判。只有这样，学校才能保证所建设的实验室与实践基地在未来仍然能够发挥其应有的作用。

三、实验室与实践基地的建设内容

为适应新媒体、移动技术等与电子商务行业的综合融合，学校可以建设新媒体电商融合创新实训中心、电商综合实训中心、智慧移动电商实训中心等实践平台（见图 5-3），为学生提供丰富、前沿的实践机会，同时为行业培养大量具备实践经验和综合素质的电子商务人才。

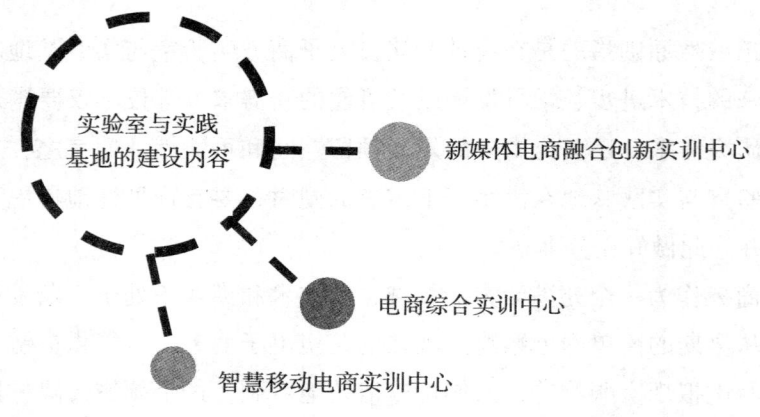

图 5-3　实验室与实践基地的建设内容

（一）新媒体电商融合创新实训中心

新媒体电商融合创新实训中心是一种集新媒体技术与电子商务应用于一体的教育与实训平台。随着新媒体技术，特别是社交媒体、直播平台、短视频等的兴起，电子商务的传统模式正在发生深刻的变革。消费者的购买决策、商家的营销推广方式等都与新媒体渠道紧密相连。为了适应这种变革，提高学生对新媒体电子商务的理解与应用能力，学校可以建设新媒体电商融合创新实训中心。

新媒体电商融合创新实训中心通过模拟新媒体电子商务的实际工作流程，从商业策划、活动执行到效果反馈，为学生展现全流程的工作模式和岗位的必备技能。实训中心的设计理念是使学生能够真正站在电子商务卖家的视角，根据市场和企业的真实需求进行电子商务活动的策划、推广和运营，并借助先进的考核系统，实时获取对其推广活动的反馈，从而锻炼其实际操作能力。实训中心不仅是一个训练场所，还能为学生提供多种新媒体资源的生成、采集和处理功能。此外，它也支持电子商务与新媒体的综合运营。

为了适应"电商＋新媒体"的发展潮流，学校可以将实训中心划分为四个主要功能区：商品素材采集中心、电商直播室、多功能演播室和新媒体综合运营中心。这四个功能区可以为学生提供从商品认知、素材编辑、运营策划到营销推广等全流程、全方位的教学和实训环境。学生不仅可以在实训中心深化对理论知识的理解，还能借助实训中心的先进设备和平台开展如微店的创建、推广、展示和直播互动等实际操作，从而加深对新媒体电子商务的认识和应用能力。

（二）电商综合实训中心

为适应电子商务行业的迅速发展，学校可以建立电商综合实训中心。该中心的建立需要以电子商务的核心课程结构和关键职位的特性为基础，目的是为学生提供能够兼容电子商务全方位实训和专项实训的实践环境，让学生有机会应用所学理论知识，并在电商竞赛、1+X 证书培训和实战能力提升等专项实训方面有一定的施展空间。

由于电子商务领域具有多元化的特点，学校可以将电商综合实训中心设置为四个专项实训室，分别为电子商务运营实训室（1+X）、网络营销实训室、客户服务实训室和电子商务数据分析应用实训室（1+X）。每个实训室都是为了满足电子商务专业的特定需求，例如数据分析、运营管理或网络营销等。此外，电商综合实训中心不仅可以是核心专业课程教学实践的场所，还可以服务于公共课程和选修课程，帮助学生建立扎实的理论基础。通过结合理论教学和实践操作，学生能更好地理解和掌握电子商务的全方位技能，从而更好地为未来的职业生涯做准备，为社会和企业创造更大的价值。

（三）智慧移动电商实训中心

智慧移动电商实训中心是物联网、智能交互、大数据和移动互联等先进技术的有机组合，是基于"智能 + 电商"构建的现代化的电子商务实践环境。智慧移动电商实训中心以多维度互动教学系统为核心的教学模式，拥有多种学习设备、智能工具和交互硬件，能够优化项目式学习、角色扮演和场景教学等新型的教学方法。

该中心能够融合移动电子商务、O2O 电子商务（线上与线下的结合）、国际电子商务等多种要素，以构筑一个智慧化的电子商务实训环境。学校可以将智慧移动电商实训中心划分为多个专项实训区，例如移动商务视觉设计实训室、运营实训室、营销实训室、数据分析实训室、跨境电商实训室（1+X）。该中心实质上是一种开放且灵活的系统环境，借助云技术和移动互联技术，学生和教师能够通过智能手机和其他智能设备，跨越地理和时间的束缚，进行实时的信息分享和互动。这种模式适用于更加透明和开放的教学方式，从课前的备课和预习，到课中的实时交互，再到课后的在线学习和远程指导，都可以在智慧移动电商实训中心进行。同时，这种模式可以为学生提供个性化、交互式的学习体验。另外，学生也可以利用智慧移动电商实训中心，进行课外的知识延伸和自我驱动的学习，探索新的知识领域。

智慧移动电商实训中心的建设是为了创建一个动态、开放的教学环境，使课前、课中和课后流程紧密相连，从而使传统的封闭式教学转变为多元开放式的教学。这种开放性不仅有助于增强学生的独立性和自主性，还能够为他们提供一个鼓励自由探索和激发潜能的空间。通过引入情境感知和数据挖掘技术，智慧设备可以更早地识别学生的学习需求，并利用资源订阅和智能推送技术为学生提供有针对性的学习资源。动态的学习数据和教学评价反馈也有助于实现真正的互动式教学，深化师生之间的交流和互动。在这种新型的教学模式中，教师的角色会发生根本性的改变。他们不再仅仅是知识的传播者，而更多地成为学生学习过程中的引导者和帮助者。他们可以利用课前的情境建构和问题提出、课中的交互式讨论，以及课后的个性化作业和辅导来帮助学生。此外，这种实训中心的建设还可以充分发挥数据科学在教育中的作用。教师可以基于动态的学习数据进行教学决策，依赖数据驱动的方法来优化教学过程，确保教学内容与学生的需求和进度相匹配，从而提高教学的效果。

四、实验室与实践基地建设的主要措施

（一）建设专业性的教学团队

专业性的教学团队是推动教学实践工作的核心力量，可以为学生提供高质量的教学指导，能够使学生在实践中得到真正的技能培训与思维启迪。

要建设专业性的教学团队，学校首先要对现有教师结构进行综合性分析。学校通过深入了解教师的年龄、学历和教学经验等实际情况，可以更有针对性地设定提升目标，进而对团队的结构进行优化。这样不仅有利于发挥每位教师的特长，还可以使团队的整体水平和质量得到提高。其次，学校在选拔教师时，不仅要注重其学术背景，还要确保其具备扎实的基础知识和出色的实践能力。这样的教师不仅可以为学生提供高质量的教学指导，还可以帮助学生深入了解专业的实际发展方向和技术变化趋势。为了确保教师具备这样的"双师型"教师素质，学校应该鼓励他们到相关企业进行参观和学习，同时要为他们提供参加电子商务研讨会和骨干教师培训班的机会。最后，除了拥有出色教学和实践能力的全职教师之外，从企业聘请具有丰富实践经验的兼职教师也是学校建设专业教学团队的有效途径。这样的兼职教师不仅可以为学生提供宝贵的实践经验，还可以带来与产业界的紧密联系，为学生开展实践教学提供强有力的支持。

（二）构建校企联合的专业课程体系

建设实验室与实践基地，主要是为了给学生提供与实际工作相结合的学习环境。而构建校企联合的专业课程体系是实现这一目的的关键。校企联合的专业课程体系能够为学生提供贴近实际、与产业紧密结合的学习内容。它可以弥补传统教育与实际工作之间的鸿沟，使学生能够在学校中学到真正对他们未来职业生涯有帮助的知识与技能。

在电子商务专业教育的课程中，为了确保教育与实践的结合，不同类型的课程需要根据其特点与企业的实际需求进行有机结合。对于网店建设课程，学校可以引入主流电子商务平台的培训资源，使学生更好地掌握网

店建设的技能。而在学习过程中，学生不仅要进行理论学习，还要结合实际，深入了解电子商务平台上的网店建设及产品销售流程。对于商务网站开发课程，它涉及的内容更为专业和深入，与企业的合作也更为关键。学校可以将电子商务建站软件和相关培训资源引入教学，带领学生学习网站开发的技术，以及如何运行和维护一个真实的电子商务平台。对于网络营销课程，学校可以与中小企业展开深入合作，让学生更真实地了解产品知识和经营流程。

（三）增设跨学科的合作项目

实验室与实践基地是学生获取实际经验、锻炼技能的重要场所。为了更好地培养学生的综合素质和创新能力，让他们能够适应日益复杂和跨界的现代社会，增设跨学科的合作项目变得尤为重要。跨学科的合作项目的核心价值在于促进不同领域之间的知识和技能融合。这种融合可以培养学生的综合思维能力，使他们能够跳出单一学科的框架，从更广泛的视角看待问题，并提出创新的解决方案。例如，设计与工程、电子商务与心理学等，都是可以实现跨学科合作的范畴。

增设跨学科的合作项目是一个系统的、多方参与的过程。在明确的需求基础上，学校需要进行课程的设计和开发，确定课程的目标、内容、教学方法和评价体系。在这个过程中，学校要充分考虑到各学科的特点，确保知识和技能的有效融合。在项目实施过程中，学校要注重师生的反馈。通过与师生的互动，学校可以了解教学情况，调整教学安排，确保项目的顺利进行。

第三节 学校与产业界的合作与交流

产业界作为电子商务的实际应用者和推动者，对于学生来说，是最直接、最真实的学习对象。与产业界的合作，可以为学生提供真实的项目经验，让他们在真实的工作环境中，应用所学知识，解决实际问题。这种经验，不仅可以培养学生的实际操作能力，还可以提高他们的团队合作和沟通能力，培养他们的创新思维和批判性思考。与此同时，与产业界的交流，也是学校和教师了解电子商务发展趋势、技术更新、人才需求的重要途径。通过这种交流，学校和教师可以及时调整教学内容和方法，确保其与实际工作的需求保持同步。此外，产业界的反馈，可以为学校和教师提供宝贵的教学改进建议，助力提高教学质量。

学校应与电子商务企业、行业协会等机构建立长期的合作关系，以便为学生提供实习和就业机会。通过这种合作，学生可以直接进入企业进行实习，了解企业的实际运作，积累实践经验。此外，企业也可以为学校提供最新的行业信息，参与课程的设计和教学，这样可以确保教学内容与实际业务紧密结合。

为了实现与产业界的有效合作与交流，学校可以采取以下措施。

一、建立稳定的合作关系

学校可以与电子商务相关的企业、研究机构、行业协会等建立长期稳定的合作关系，以促进资源的畅通。

电子商务领域技术更新快，市场策略和模式也在不断演变。在这种背景下，学校单靠自身的教育资源和教学内容很难跟上这种快速的发展步伐。而与外部相关实体建立长期的合作关系，则可以为学校带来最新的技术更新资讯和市场动态。此外，学校与电子商务相关的企业合作，可以为学生提供实习、实践和就业的机会。学生在企业中的实践经验将使他们更好地理解理论知识与实际操作之间的联系，加深对电子商务领域的了解。同时，企业也可以从中挖掘和培养潜在的人才，为自己的发展储备力量。研究机构和学校之间的合作，可以促进学术研究的深入。学者和研究人员可以共同开展研究项目，分享研究成果，共同推动电子商务领域的学术进步。这种合作不仅能够提高研究的效率和质量，还能够为学生提供更多的研究机会和学术资源。行业协会作为一个行业的代表和组织者，与学校的合作可以为学生提供更多的学习和交流的平台。例如，学生可以参加由行业协会举办的各种培训、研讨会和比赛，与行业内的专家和企业家进行面对面的交流，扩展自己的知识和视野。同时，为了确保信息交流的畅通，双方可以建立定期的交流机制，如定期的工作会议、学术研讨会和培训课程等。

二、组织实地考察和实习

学校可以定期组织学生到企业进行实地考察和实习，让他们亲身体验电子商务的实际操作，提高他们的实践能力。对于学生来说，只有亲自走进企业，参与到电子商务的实际操作中，学生才能真正理解电子商务的流程、策略和技术。通过实地考察，学生可以直观地了解到企业的运营模式、市场策略、技术应用等方面的情况。这种直接的、面对面的学习方式，不仅能够加深学生对理论知识的理解，还能够培养他们的观察和分析能力。例如，学生可以通过观察企业的市场推广策略，了解到如何将理论知识应用到实际中，进而提高自己的创新和实践能力。而实习更是学生学习电子商务的重要环节。在实习过程中，学生可以直接参与到企业的工作中，如商品上架、订单处理、客户服务等。这不仅能够为学生提供实际操作的机会，还能够培养他们的团队合作和沟通能力。与企业员工的日常交流，还能使学生增加对电子商务行业的了解。

当然，为了确保实地考察和实习活动的顺利进行，学校需要与企业建立良好的合作关系。双方可以共同制订实习计划和内容，以确保学生能够在实习中得到真正的锻炼和学习。同时，学校需要为学生提供必要的指导和支持，确保他们在实习过程中能够解决遇到的问题，获得良好的实习效果。

三、引入产业界的专家

学校可以邀请产业界的专家作为兼职教师或讲座嘉宾，为学生提供最新的知识和技能，拓宽学生的视野。产业界的专家，无论是来自大型企业还是小型创业公司，都有着丰富的实践经验和对行业的深入了解。这些专家在实践中积累的经验和知识，很难通过传统的教材和课程来传授。而当这些专家走进课堂，与学生分享自己的经验和见解时，往往能够为学生带来鲜活的案例，触动学生的思考，启发学生的灵感。此外，产业界的专家通常都有着广泛的社会资源。他们可以为学生提供更多的实习和就业机会，帮助学生更好地了解社会和行业的现状，为学生未来的发展提供有力的支持。同时，产业界的专家还可以为学校提供宝贵的建议和反馈，帮助学校调整和优化教学内容、提高教学质量。

引入产业界的专家并不是简单地邀请他们到学校进行一次讲座或短期的教学。为了确保教学的效果，学校和产业界的专家需要建立稳定而持续的合作关系。这需要双方在教学内容、方法、时间和资源等方面进行充分的沟通和协调。例如，学校可以为产业界的专家提供专业的教育培训，帮助他们更好地适应教学环境；而产业界的专家则可以为学校提供最新的行业资讯，帮助学校更新教学内容。

四、开展联合研究和项目

学校可以与企业合作，开展联合研究和项目，让学生在真实的工作环境中，应用所学知识，解决实际问题。与企业合作开展联合研究和项目的意义重大，因为这种合作模式可以为学生提供一个宝贵的实践平台。在联合研究和项目中，学生可以将所学的理论知识和技能付诸实践，面对真实的问题和挑战，培养解决问题的能力和实践经验。这不仅能够提高学生的实践能力，还能够为他们将来的职业生涯打下坚实的基础。对此，学校与企业需要明确合作的方向和目标。这需要基于学校的学术研究优势和企业的市场需求来进行。通过深入的交流和讨论，双方可以确定一个具有创新性、应用性和市场潜力的研究主题。之后学校与企业需要确立合作模式，因为不同的研究和项目可能需要不同的合作模式，或是学校主导、企业参与的模式，或是企业主导、学校参与的模式，或是双方平等合作的模式。选择哪种模式取决于项目的性质、所需的资源和双方的期望。在合作框架下，双方应明确各自的职责和分工。这包括谁负责项目的管理、谁负责技术研发、谁负责市场推广等。明确的分工可以避免双方的重复劳动和资源浪费。在项目的实施过程中，双方需要建立持续的沟通和反馈机制。这不仅可以及时解决合作中的问题，还可以确保项目的方向和目标始终与市场和技术的发展保持一致。项目完成后，双方需要共同推广和应用研究成果。学校可以在学术界发布研究成果，而企业则可以将研究成果应用到实际的产品和服务中，实现知识的转化和价值的创造。

第六章　基于 CDIO 理念电子商务专业创新型人才改革的模式

第一节　电子商务专业实施 CDIO 教育改革的可行性

CDIO 是一种工程教育理念，旨在培养具备实践能力、创新思维和团队协作精神的工程师和应用型人才。CDIO 理念强调以项目为核心，让学生在实际问题解决中积累经验、提高综合素质。电子商务专业作为管理与工程相结合的复合型专业，可以受益于 CDIO 理念的应用。该专业涵盖了管理、技术、市场等多个方面，需要学生具备跨学科的知识和实践能力。通过 CDIO 教育理念，电子商务专业可以更好地培养学生的综合能力，使他们在未来的职业中更具竞争力。虽然 CDIO 最初主要应用于工科专业，但其实际效果表明，它对于管理类应用型专业同样具有积极的影响。

电子商务专业在融入 CDIO 理念方面表现出了显著的适应性和潜力。CDIO 的构思、设计、实施、运作四个要素与电子商务的本质高度契合，为电子商务专业教育提供了坚实的框架。电子商务的实践导向性要求学生不仅掌握理论知识，还要具备实际操作的能力，这与 CDIO 理念的核心思想相一致，即以实际项目为基础进行综合能力培养。整体看来，CDIO 理念可以为电子商务专业提供有力教育指导，提高该领域的教学质量以及学生的综合竞争力。

一、在项目构思方面

电子商务领域一直以来都在不断变革和创新，这要求学生要具备创造性思维和创新能力。CDIO 理念的构思阶段强调学生主动性地提出项目构想，而电子商务专业的学习目标之一正是培养学生的创新意识和创业能力。学生可以在项目构思阶段锻炼自己的概念创新能力，积极提出新的商业模式、市场策略或电子商务解决方案。因此，CDIO 理念为电子商务实践教学提供了一个有益的教育框架，有助于培养具备创新精神的学生，使他们在电子商务领域具备竞争力。

二、在项目设计方面

电子商务领域涵盖了众多工程性质的任务，如网站策划、电子商务系统分析与设计以及商务工具的构建等。这些任务需要学生具备工程化思维，从系统角度出发，设计出高效可行的解决方案。CDIO 理念的设计阶段鼓励学生以工程师的视角，将理论知识转化为实际产品或系统。在电子商务实践教学中，学生需要设计和实施各种电子商务解决方案，包括电子商务网站、支付系统、客户关系管理系统等，因此，CDIO 理念的设计要求与电子商务专业的工程性质高度契合。通过 CDIO 理念的指导，学生能够更好地理解电子商务的工程要求，培养工程思维，为日后从事电子商务领域的实际工作做好充分准备。

三、在项目实施方面

随着全球商业趋势的变化，企业越来越趋向于精简运营结构，侧重通过网络与合作伙伴建立紧密的联系。在这一发展趋势下，电子商务在塑造企业竞争力和提高效率方面扮演了至关重要的角色。电子商务专业需要培养学生将理论知识转化为可视化网络功能的能力，以满足企业和客户的需求。在电子商务项目的实施过程中，学生需要学习网站和应用程序的开发、界面设计、用户体验优化以及实时数据分析等技能，这些技能是电子商务领域的核心要求，也是企业日常运营所必需的。CDIO 理念的实施阶段强调学生通过实际操作将设计方案转化为实际成果，其实践导向可以帮助学生更好地理解和应对不同类型企业的需求，培养适应不同场景的实际操作技能。

四、在项目运作方面

电子商务服务业已成为现代服务业的重要组成部分。电子商务的迅速发展为各行各业提供了新的商机，企业需要专业的电子商务人才来推动其在线业务的发展。电子商务专业需要培养学生具备企业网络化运营的实际操作技能，使他们能够胜任电子商务领域的工作。在电子商务项目的运作阶段，学生需要学习如何有效地管理和维护电子商务网站，以确保顺畅的在线交易和用户满意度。他们还需要学习网络营销策略，包括社交媒体营销、搜索引擎优化、电子邮件营销等，以吸引潜在客户并提高品牌知名度。CDIO 理念的实践导向非常适用于电子商务专业的学习。学生通过参与真实的电子商务项目和模拟实践，可以更好地理解企业网络化运营的要求，培养团队合作和解决问题的能力。这种实践性的学习方式有助于学生更好地适应电子商务领域的快速变化和竞争激烈的环境。

第二节　基于 CDIO 理念电子商务专业
创新型人才培养模式

本节从人才培养方案、教学方式的改革、人才培养的质量三个方面，来阐述基于 CDIO 理念的电子商务专业创新型人才培养模式。

一、人才培养方案

（一）电子商务专业人才培养标准体现"创业创新"

学校制定的电子商务专业人才培养标准，应体现"创业创新"的要求。

1.创业的意义

创业作为一项广义的概念，涵盖了在各个领域创造事业并对社会产生积极影响的活动，旨在强调事业的重要性，尤其是与国计民生密切相关的事业。创业要关注社会需求，解决社会问题，积极进取，不断创新。经济学意义上的创业是指通过整合各种资源，包括人力和资本，创造价值，并以产品或服务的形式提供给消费者，同时获取利润并实现经济增长。

（1）创业是一个心理成长过程。创业不是一帆风顺的，会经常面对不同的困难、挫折与挑战，以及自我和团队成员中的焦虑、浮躁等情绪，因此需要创业者具备良好的心态和耐受力。此外，在创业过程中，创业者需要具备适应变化的能力。创业者需要不断学习新的知识和技能，适应市场的变化和竞争环境的变化。同时，创业者需要学会与团队成员、合作伙伴和客户建立良好的关系，以便更好地应对各种挑战。这些对其心态都是一种锻炼。

（2）创业是一种生产活动。创业成功的基础在于各种资源的集成和优势互补，以及人力和资本的有机结合。创业所生产的产品或服务是其直接结果，而产生的产品或服务在市场中得到认可和接受，才能确保创业在市场环境中的生存和发展。在创业过程中，增值和获取利润是至关重要的。增值是生产活动的本质属性，没有增值，生产就没有意义。利润则是市场法则的产物，没有利润，企业将无法生存。虽然在市场环境下，利润和增值是相关的，但它们并不总是一致的。

（3）创业具备发展特性。创业具有与一般生产活动不同的特性，最重要的特点在于其发展过程。创业可以是从零开始的全新创造，也可以是对现有模式的革新和改进。无论是哪种情况，创业都是一个从无到有、从弱到强、从幼稚到成熟的过程。发展是创业的核心特征，成功的创业往往是快速而稳健的发展过程。创业者需要不断寻求机会，适应市场变化，不断壮大自己的企业。同时，维持企业的健康发展也是创业者的基本任务。

（4）创业具有重要的社会意义与经济意义。创业的意义不仅仅体现在提高个体收入水平上，还对整个社会和经济结构的发展具有深远的影响。创业有助于形成新的社会和经济结构，让更多人参与经济发展并分享其回报。创业不仅通过创造新的产品和服务来满足社会需求，还会刺激新的投资，从需求和供给两个方面推动经济增长。从需求方面看，创业带来的新产品和服务创造了新的市场需求，从而成为促进经济增长的需求因素。而从供给方面看，创业促使新资本形成，进一步扩大了整个经济的供给能力。

2. 创新的价值

"创新"一词最早在历史上的文字中就有所提及，指的是创立或创造新事物的行为。创新的概念在经济学中首次被明确定义是在20世纪初由奥地利经济学家熊彼特（Schumpeter）提出的。他认为，创新是将生产要素的新组合引入生产系统，以获取潜在利润的过程。创新包括了技术、产品、理论、制度、文化等各个领域的创新。创新的本质在于将已知条件和资源重新组合，以创造新的、有价值的成果，而成果可以是思想、社会成果或物质产品。创新具有新颖独特性、价值取向性以及高风险、高回报性等特征。成功的创新除了改变市场，还可以改变整个社会和文化。

（1）创新意味着突破、飞跃与前进。创新代表了突破和前进的决心。在竞争激烈的环境中，停滞就等于失败。创新推动了社会生产力的发展，引领了生产关系和社会制度的深刻变革，同时塑造了新的思维方式和文化，为人类的进步和发展带来了不可估量的机遇。创新是人们应对变革和挑战的有力武器。

（2）创新成就人才。在当前社会，创新型人才具备很强的竞争力。人才的创新不仅能推动企业、行业、国家的发展，还能在国际竞争中占据优势地位。

3. 创业与创新的关系

创业与创新之间的关系密不可分，二者相辅相成，共同推动着社会的进步和发展。

创业者在创新和应对经济不确定性变化中发挥着关键作用。创业者可通过创新，即通过引入新的生产要素组合，从而推动竞争性经济体系的发展。创新可以涵盖多个层面，包括产品、服务、营销模式和组织制度等，但关键在于创新的成果要在商业化或产业化方面实现。在创新的不同层面中，产品和服务创新以及营销模式创新有可能在已有的企业组织框架内进行，此类创新虽然重要，但仍然属于一般意义上的"企业家活动"。真正的创业活动需要通过创新企业组织和管理体系，以实现创新成果的商业化或产业化。例如，一对夫妇开设了一家餐厅，虽然他们在开办新企业方面取得了成就，但他们没有创新产品或服务，因此不能算是真正的创业。创新不仅仅指产品或服务层面的创造，还包括创造竞争性优势、开辟新市场和改变消费者需求。一个企业缺乏创新可能导致其逐渐失去市场份额，甚至导致失败。

创新和创业是密不可分的，创业过程本身就是创新的过程。创新决定着企业的核心竞争力，它使企业能够站在市场的前沿，不断适应变化，并不断成长壮大。因此，在创业的过程中，人们需要抓住各种机会，整合各方资源，采用多种创新方式，以不断提高自身的竞争力。只有创新，才能创造创业的奇迹，保持在竞争的前沿，创立自己的创业传奇。

4. 电子商务专业人才培养标准中突出"创业创新"

学校应在电子商务专业人才培养标准中体现"创业创新"的要求。例如，"培养学生的创新能力，包括创新思维、创新实践以及科研开发能力的培养"。电子商务领域不断发展，需要具备创新能力的人才来不断推动行业的进步。创新思维使学生能够在面对问题时提出新的观点和解决方案，创新实践则培养了他们将创新理念付诸实践的能力，而科研开发能力则有助于他们在实际项目中进行深入研究和创新。又如，"培养学生在企业和商业环境中具备创业意识"。这意味着学生不仅需要了解电子商务的理论知识，还需要熟悉和掌握企业文化、战略、管理等方面的知识，并能够成功地在一个组织中工作或自行建立一个企业，从而使学生成为具备创新思维和实践的电子商务专业人才。总之，电子商务是一个快速发展的领域，创新是推动其持续增长的关键。具备创新能力的人才，更容易在就业市场中脱颖而出，还能为行业的发展注入新的活力和动力，为电子商务行业的可持续发展做出贡献。

（二）灵活应用创新实践教学环节

1. 社会实践

社会实践是一种学习体验，能够帮助学生了解社会，还有助于培养他们的多方面技能和素质。社会实践为学生提供了一个独特的机会，让他们亲身参与到社会生活中，去探索、理解和解决真实的社会问题。实践活动的开展有助于培养学生的社会责任感，使他们认识到自己作为公民所应承担的义务和责任。通过面对社会问题，学生将学会如何思考并提出解决方案。不仅如此，社会实践还能帮助学生建立广泛的人际关系，扩展他们的人脉资源。在社会实践中，学生将与各种各样的人互动，包括同事、导师、志愿者伙伴等。人际关系有助于学生发展人际沟通和合作的技能，这可以为他们未来的职业生涯提供有力的支持。社会实践还可以为学生提供宝贵的职业经验。通过积极参与不同的社会实践项目，学生可以获得实际工作经验，进而了解不同行业和领域的运作方式。例如，学校可以组织电子商务专业的学生开展电商兴农的社会实践，在帮助学生提升专业能力的同时，为乡村振兴贡献力量。

2. 学科竞赛

学科竞赛为学生提供了一个充满挑战和机遇的平台，有助于激发学生的学科兴趣，开展深入研究，培养解决复杂问题的能力，以及锻炼团队合作和创新思维。学科竞赛通常涵盖各种学科领域，如数学、计算机科学、文学、艺术等，学生可以根据自己的兴趣选择参与。竞赛题目往往涉及前沿的学科知识和问题。对于对某一学科有浓厚兴趣的学生来说，学科竞赛有着很大的吸引力。学生通过参与竞赛，将有机会深入学习和研究自己感兴趣的领域，不断提高自己的学科水平。在竞赛过程中，学生通常需要面对各种挑战性的问题和任务，往往需要创新性的思维和深入的分析。学生应迅速理解问题的本质，提出解决方案，并付诸实践。此种过程能够锻炼学生的问题解决能力，使他们具备应对未知挑战的信心和勇气。解决问题的能力不仅在学术领域有用，而且在日常生活和职业生涯中具有重要价值。同时，学科竞赛强调团队合作和创新思维，许多学科竞赛是团队赛事，学生需要与队友紧密合作，共同解决问题和完成任务，这有助于培养学生的团队合作精神，使他们学会如何有效地与他人合作，分享资源和信息，充分发挥每个人的优势。例如，学校可以组织电子商务专业的学生开展网络营销竞赛，以此帮助学生提升网络营销技能。

3. 参与教师科研和发表论文

学生可以深入研究一个特定的领域，与教师合作进行研究，并最终发表自己的研究成果。这可以使学生提高研究和写作技能，锻炼批判性思维和问题解决能力。

参与教师科研项目是一次宝贵的学习经历，为学生提供了深入学术领域的机会，能够对学生未来的职业发展产生深远的影响。在有关项目中，学生能够与有丰富研究经验的教师合作，还能够深入探讨特定领域的研究问题，积累宝贵的研究经验和技能。通过参与教师的科研项目，学生有机会深入研究一个特定领域，探讨该领域的前沿问题。深度的学术探究使学生能够更全面地理解学科知识，将课堂上学到的理论知识与实际应用相结合。学生在参与研究过程中需要从事各种研究活动，包括文献综述、实验设计、数据收集和分析等。因此学生需要掌握研究方法和技巧，独立思考和解决问题。这不仅在学术研究中有用，还会对学生未来的职业生涯产生积极影响。无论学生选择从事学术研究、科研机构工作还是进入行业，研究技能都将使其具备更强的竞争力。参与教师科研项目还有助于学生建立学术和职业网络。学生在参与项目的过程中，将与有丰富经验的教师和其他研究人员合作，这可以建立起重要的人际关系，利于学术交流和合作，还可能为学生带来未来的职业机会。

参与发表论文是对学生研究能力的一项重要考验，它不仅要求学生具备深入研究的能力，还要求学生具备清晰的思维和表达能力。在参与科研项目的过程中，学生需要选择一个特定的研究方向，深入研究该领域的问题，进行实验和数据分析，最终得出结论。此过程需要学生具备批判性思维和问题解决能力，能够独立思考和解决复杂的科学问题。而只有经过深入研究，学生才能够产生有价值的研究成果，写出高质量的论文。发表论文要求学生具备清晰的思维和表达能力。学生应将复杂的研究内容以简洁明了的方式呈现给读者，确保他人能够理解研究方法和结果。这要求学生具备逻辑思维和文字表达的能力，能够将研究成果系统化地呈现出来。清晰的思维和表达有助于论文的阅读和理解，更是学术交流的关键。在学术界，发表论文是与其他研究者分享研究成果的主要途径之一。学生的论文可能会接受同行评审，接受其他专家和研究者的评价和建议。学术交流有助于学生不断提升，提高学术素养，学会接受和反思批评，从而不断提高自己的学术水平。

例如，教师可以带领学生进行文旅电商、文创电商、跨境电商等领域的深入研究，为学科发展贡献力量。

4. 多样活动积累创新实践经验

学生可以通过申报科技成果、参加学术讲座以及获得职业资格认证等多样化活动来积累创新实践经验。这类机会覆盖了广泛的领域和方向，能够为学生提供更多的创新实践机会，有助于学生在不同领域培养创新思维和实践能力。

（1）申报科技成果。在这个信息时代和科技发展迅猛的时代背景下，学生积极参与科技成果的申报将会带来多重益处。申报科技成果需要学生深入研究和探索，这会促使其在特定领域内展开深度学习。无论是参与科技项目、研究课题还是发明创造，都要求学生深入了解相关领域的知识和最新进展。学生需要分析问题，提出独特的解决方案，这种创新的过程会使学生更具创造性和实践能力。申报科技成果还可以培养学生的科研能力。在科技项目或研究课题中，学生需要进行实验、数据收集和分析等科研工作，这有助于学生掌握科研方法和技能。学生将学会如何设计科学实验、处理数据、进行统计分析，以及撰写科研报告和论文，积累宝贵的科研经验。申报科技成果还提供了实际应用和产业转化的机会。学生的科技成果可能包括发明专利、新的技术产品或解决实际问题的创新方法。通过积极申报成果，学生有机会将其转化为实际的商业价值，更利于创业精神的培养，还可以为学生提供创业的机会，推动创新创业的发展。学生的科技成果也可能对产业界有所启发，促进科技应用的推广和改进，从而为社会进步和经济发展做出贡献。不仅如此，学生的科研成果如果被认可和广泛传播，将有助于建立其在学术界和产业界的声誉，为其今后的升学、就业以及合作机会提供更多选择。例如，学生可以开发电子商务类的应用软件，并申报科技成果。

（2）参加学术讲座。学术讲座是拓展知识视野的有效途径。专业领域的专家学者通常会在讲座中分享他们的最新研究成果和见解，这能够使学生深入了解特定领域的前沿动态，了解最新的学术进展。学术界的知识更新非常迅速，通过参加讲座，学生可以跟上最新的研究趋势，积累新的知识和见识，提高自己的学术水平。在讲座结束后，通常会有互动环节，学生可以提出问题，与专家学者进行深入交流和讨论。学生可以向专家学者请教问题，寻求建议。这可能为学生带来合作机会，激发学生创新思维，启发学生新的研究方向。在听取专家学者的讲座时，学生需要仔细思考和分析，客观评估其观点。学生需要提出有深度的问题，思考解决问题的方法。当学生接触到前沿研究和专业领域的最新成果时，学生可能会被深深吸引，产生兴趣，这有助于其在未来选择研究方向时更加明确和有自信。学术讲座也可以为学生提供榜样和启发，激发学生在学术领域取得更大成就的动力。例如，学生可以听政府或学校组织的电子商务类公开课，以此提升专业素养。

（3）获得职业资格认证。通过参加与自己专业领域相关的职业资格认证考试，学生可以获得专业认证，从而在未来的职业生涯中享有更多的机会和选择。职业资格认证要求学生深入研究和准备。认证考试通常涉及广泛的专业知识和技能，要求学生通过自主学习和培训来掌握所需的内容。学生需要投入大量时间和精力，深入学习相关领域的知识，掌握必要的技能，为考试做好充分准备。此过程能够培养学生的自学能力和深度学习能力，使其具备更强的综合素质。在竞争激烈的职场环境中，拥有专业的职业资格认证是一种优势。雇主更愿意聘用具备认证的员工，因为这些员工能够立即投入工作并为公司创造价值。获得认证还有可能带来更高的薪资和职业晋升机会，有助于学生实现职业发展的目标。不同的职业领域通常有多个不同级别的认证，学生可以根据自己的兴趣和职业目标选择适合自己的认证。获得认证后，学生可以在择业时进入各种不同领域的工作岗位，担任不同职务，有更广泛的职业发展空间。认证还能为学生提供国际性的职业机会，扩大职业视野，拓展职业发展的国际化路径。例如，学生可以报考电子商务师、跨境电子商务师等。

（三）构建一体化的实践教学体系

在电子商务实践教学中，一体化的实践教学体系可以为学生提供全面的实践机会，培养学生成为具备创新能力和实战经验的电子商务专业人才。

1.实验层

实验在电子商务实践教学中非常重要，它能够为学生奠定技术和知识基础。

学校应在电子商务软硬件设施上投入一定的资金，配备一系列先进的实验设备和软件资源，为学生提供模拟真实电子商务环境的学习场所。例如，学校打造模拟实验环境，让学生参与电子商务交易的整个流程，从选定产品、建立在线店铺到完成销售交易，使学生亲身体验到电子商务运营的方方面面，培养实际操作能力。

学校还应为学生提供更广泛的资源。例如，与其他学校共享软件资源，使学生不仅可以在本校实验室中进行实验，还可以通过网络获取到其他学校提供的资源，从而更全面地了解到行业的最新动态和发展趋势。

实验层可以为学生的学术知识提供支持，并为学生的创新能力培养提供平台。学生在实验项目中需要解决各种实际问题，这要求学生具备创新思维、问题解决能力和实际操作能力。

2.实训层

在实训层面上，学校应鼓励学生积极参与各类国家级和省部级大赛。此类大赛往往涵盖了电子商务领域的各个方面，包括电子商务创新、电子商务管理、市场营销策略等。学生通过参加这些大赛可以锻炼自己的团队协作能力和创新思维，还能够获取宝贵的经验和教训。

学校还应组织学生参加专业实训认证，报考电子商务师、跨境电子商务师等。此类认证项目不仅仅考核学生的实际操作技能，还要求学生具备一定的创新能力和问题解决能力。学生需要在一定的时间内完成一系列实际项目或任务，这要求学生能够独立思考、灵活应对各种情况。通过实训认证，学生自身的综合素养会得以提升。

3. 实习层

实习层是电子商务专业学生实践教学的最后一层，也是学生将所学知识和技能应用于实际情境的关键阶段。学校可以与企业建立实习基地合作协议，为学生提供深入了解企业运作、亲身体验实际工作的宝贵机会。在实习过程中，学生将所学的理论知识与实际应用相结合，将课堂上获得的技能用于实际工作中，这可以使学生巩固专业知识，更好地理解企业的需求和挑战。通过实际工作，学生可以亲身体验电子商务领域的各种情况，包括市场竞争、供应链管理、客户服务等，这有助于学生更好地应对未来的职业挑战。实习还为学生提供了明确职业方向的机会。在实际工作中，学生可以发现自己的兴趣所在，确定自己未来职业发展的方向。学生可以选择专注于某个领域深入研究和发展，或者尝试不同的职位来积累多样化的经验。实习是培养创业实践能力的重要一环。学生可以在实习中了解创业的机会和挑战，积累与实际业务相关的经验，为将来创业做好准备。

综上所述，电子商务人才的培养过程由实验、实训、实战三个关键阶段构成。学生在实验中获得感性认识，在实训中巩固知识，在实战中应用和创造新知识。此过程培养了应用型电子商务人才，为学生成功应对电子商务领域的挑战奠定了坚实的基础。

二、教学方式的改革

电子商务专业的教学方式应当满足其综合性和实践性的需求。教师可以采用多种教学手段，如板书和多媒体结合的方式、课堂教学和实践基地练习结合的方式，来确保知识的生动传递。电子商务专业的特点决定了教学方式要注重实践，培养学生的实际操作能力，以使学生在毕业后能够胜任各种电子商务相关的工作岗位。在电子商务专业的日常教学中，教师应致力于创新教育方法，使学生充分理解和掌握所学的知识和技能。

（一）互动式教学与课堂讨论

在电子商务专业的教学中，互动式教学和课堂讨论被视为关键的教育工具。教师应鼓励学生积极参与课堂互动，积极参与讨论和分享个人见解和经验。互动式教学的实施更容易吸引和激发学生的兴趣，因为学生可以积极参与并直接体验课程内容，而这可以提高学生的学习动力和主动性。课堂讨论鼓励学生思考问题，分析各种观点，推理和解决复杂的挑战，这可以培养学生的批判性思维和分析能力。学生通过与同学和教师的互动，能够从不同的角度理解概念和应用，进而获得更全面的知识。互动式教学还为学生提供了实际操作和应用所学知识的机会。学生可以在讨论中提出解决方案，实践创新想法，并与同学合作完成各种任务。不仅如此，互动式教学促进了学术社区的建立，学生之间的合作和交流使学习氛围增强。

（二）基于案例的教学

电子商务专业教学可采用基于案例的教学方法。案例教学是一种强调实际应用和问题解决的教学策略。基于案例的教学通过引入真实的电子商务案例，让学生置身于实际业务场景。学生通过分析这些案例，能够更深入地理解电子商务领域的复杂性和多样性。案例教学方法要求学生将理论知识应用于解决实际问题，即运用所学的概念和工具来分析问题，并提出解决方案，这可以巩固学生的理论知识，进而培养解决问题的实际技能。基于案例的教学能使学生学习特定的电子商务知识，还能够培养学生的综合素养，如团队合作精神、沟通能力、批判性思维和决策能力。学生需要在团队中共同协作，讨论不同的观点，并就最佳解决方案达成一致。基于案例的教学通常涵盖多个领域和行业，这可以使学生了解不同类型的电子商务案例，进而获得更广泛的知识，为未来的职业生涯做好准备。

（三）基于项目的教学

电子商务专业教学可以采用基于项目的教学方法，为学生提供积极参与实际项目并应用所学知识的机会。基于项目的教学要求学生在真实项目中应用在课堂上学到的电子商务知识和技能，将理论概念转化为实际技能，理解电子商务在商业环境中的实际应用。参与项目能使学生获得实际经验，如与客户互动、项目管理、时间管理等关键技能。通过基于项目的教学，学生不仅可以应用专业知识，还可以培养综合素养，如领导力、决策能力和创业精神。

（四）网络教学平台

电子商务专业教学应注重网络教学平台的使用。通过网络教学平台，教师与学生可以共享学习资源，如课程材料、讲义、案例研究等，使学生更好地学习课程。学生可以在网络教学平台上与同学建立学习社区，共同探讨课程内容，分享学术见解和经验，建立学术人际网络，激发创新思维，并获得学术合作的机会。同时，网络教学平台可以提高学生的学习效率，使学生能够更灵活地管理自己的学习时间和进度。学生可以随时随地访问课程资料，适应自己的学习节奏。学生也可以通过网络工具（如聊天工具、论坛、电子邮件等）与教师交流，寻求答案，而无须等到下一堂课。

（五）创业支持和指导

电子商务专业教学应积极关注学生的创业培养，为学生提供孵化创业项目的机会，指导学生自主创业。创新和创业的氛围会使学生更有信心去追求自己的创业梦想，将所学知识和技能应用于实际创业项目中。

三、人才培养的质量

开展基于 CDIO 理念的电子商务教学，可以培养学生的综合素养和多领域的能力。

当前，电子商务不断推进技术创新、模式创新、业态创新，导致对电子商务创新型人才的需求层次不断提升。尤其是伴随着"一带一路"倡议、乡村振兴战略等的加速推进,以及数字经济发展推动的电子商务模式业态加速迭代更新,新的岗位和人才需求不断涌现,高层次应用创新型人才非常短缺。

未来,技术迭代升级和融合应用将进一步深化,电子商务行业需要懂得大数据、云计算、移动互联网、区块链等新一代数字技术和数据治理、数字化商务规则等知识,并具备数字化能力与思维,以及高度综合的创新能力和商业实践能力的运营管理专门人才。

第七章 基于 CDIO 理念电子商务专业人才改革目标的实现

第一节 制定电子商务专业人才培养的 CDIO 大纲

一、人才素质

电子商务专业人才培养的 CDIO 大纲，将人才培养重点放在不同方向的素质发展上，包括政治素质、思想素质、道德素质以及身心素质。

（一）政治素质

政治素质是电子商务专业学生的关键素养之一，对于他们在竞争激烈的商业环境中取得成功至关重要。CDIO 大纲采取多种方式来培养学生的政治素质，以确保他们在电子商务领域具备全面的理解和洞察力。CDIO 大纲通过课程设置（政治经济学、法律等）致力于培养学生的政治素养，以使他们能够更好地理解国际政治和法律对电子商务产业的重要性，了解国际市场的法规和政策，在商业决策中更好地考虑政治因素。CDIO 大纲鼓励学生积极参与实践项目，其中包括模拟政策制定和国际贸易谈判，使学生有机会亲身体验国际政治和贸易的复杂性，从而提高政治洞察力和谈判技巧。实践机会不仅使学生能够应对真实世界中的政治挑战，还有助于他们发展解决问题的能力。CDIO 大纲鼓励学生积极参与社会和政治活动，培养公民责任感。通过参与社会服务项目、志愿活动或政治参与，学生将更好地理解每个角色在社会中的责任，塑造领导能力，提升政治素质。

（二）思想素质

思想素质的培养在电子商务教学中具有至关重要的地位。CDIO 大纲可以对此提供明确的指导和方法。CDIO 大纲注重培养学生的创新能力。在电子商务领域，不断创新是成功的关键，因此，CDIO 大纲鼓励学生在项目中提出新颖的创意和解决方案。通过参与创新性的项目和课程，学生将有机会培养独立思考和创新精神，从而在面对新的挑战时更具竞争力。CDIO 大纲强调跨学科思维的培养。电子商务领域涉及多个学科，包括商业管理、计算机科学、市场营销等，因此，学生需要具备跨学科学习的能力，能够综合运用不同领域的知识和思维方式来解决复杂问题。CDIO 大纲推动学生参与多元化思考，培养跨学科思维，使他们能够更好地应对电子商务领域的复杂性。CDIO 大纲还强调问题解决能力的培养。在电子商务领域，学生需要迅速而有效地解决实际问题，因此，CDIO 大纲鼓励学生参与项目和实践，培养解决问题的能力，其中不仅包括技术问题的解决，还包括商业策略、市场营销和法律等方面问题的解决。通过全面的培养，学生将能够在电子商务领域中具备全面的思维，更好地满足市场和企业的需求。

（三）道德素质

CDIO 大纲通过商业伦理教育来培养学生的道德素质，旨在教育学生在商业活动中坚守道义、秉持诚信、尊重客户和合作伙伴。学生将学习如何在商业决策中考虑伦理和道德因素，这可以为他们未来的职业生涯打下坚实的道德基础。CDIO 大纲注重培养学生的道德决策能力。在项目中，学生将面临各种商业情境，需要做出伦理和道德决策。CDIO 大纲鼓励学生在这些情境中秉持高尚的道德原则，考虑社会责任和企业的长期利益。通过实际案例分析和道德决策讨论，学生将培养自己的判断力和道德情感，从而更好地应对复杂的商业伦理挑战。CDIO 大纲倡导社会责任的培养，即学生需要明白他们在电子商务领域中所承担的社会和环境责任。CDIO 大纲鼓励学生积极参与社会公益活动，为社会做出积极的贡献。通过参与志愿活动和社会服务项目，学生将培养自己的社会责任感，明白自己作为电子商务从业者所能够对社会产生的影响。社会责任感的培养将使学生具备良好的道德决策能力，以及为社会和环境可持续发展做出贡献的使命感。

（四）身心素质

身心素质的培养有助于学生在竞争激烈的电子商务领域中保持健康和高效。CDIO 大纲可以对此提供明确的指导和方法。CDIO 大纲鼓励学生保持健康的生活方式。健康管理是身心素质的重要组成部分，通过关注饮食和锻炼，学生可以保持身体健康和精力充沛。在电子商务领域，工作可能会具有高度竞争性和紧张性，因此，保持身体健康对于应对工作压力至关重要。通过培养健康的生活方式，学生将有强健的体魄应对挑战，保持高效的工作状态。CDIO 大纲注重培养学生的压力管理能力。在电子商务项目和工作中，学生可能面临各种形式的压力，如项目截止日期、客户需求和竞争压力等。CDIO 大纲提供了应对压力的策略和心理支持，以帮助学生有效地管理压力，保持心理健康，在电子商务领域中更好地处理挑战和压力情境。CDIO 大纲推动学生进行团队建设，培养合作和沟通技能。在电子商务项目中，团队协作是取得成功的关键因素之一。学生要能够与团队成员紧密合作、有效沟通，共同解决问题、共同达成项目目标。CDIO 大纲通过项目和实践活动培养学生的团队协作能力，这将有助于他们在电子商务领域中获得机会、取得成就。

二、人格特质

商科职业人格特质是电子商务专业人才培养的要素之一。商科职业人格特质包括主动性、创新精神、自信、努力工作、团队合作、关注细节、应变能力、独立工作能力、接受批评、生活与工作的平衡。CDIO 大纲通过精心设计的课程和项目，以及鼓励社会参与，有针对性地培养和强化这些特质，以确保学生具备完善的商科职业人格。

主动性与创新精神是商科职业人格的关键特质之一。在电子商务领域，市场竞争激烈，变化迅速，要想取得成功，学生应积极主动，勇于创新，敢于面对风险。CDIO 大纲通过项目和实践活动，鼓励学生提出新颖的创意和解决方案，培养独立思考和创新精神。学生在模拟政策制定、国际贸易谈判等项目中，有机会负责重要决策，这有助于培养他们的决策能力和创新意识。

努力工作、关注细节、应变能力是商科职业人格的一个方面。在电子商务项目中，细节和高效率至关重要，因为它们直接影响项目的成功与否和客户满意度。CDIO 大纲通过项目管理和实际案例分析等课程，培养学生对工作的紧张程度和对细节的重视。同时，学生需要具备应对项目和工作中的变化和挑战的能力。CDIO 大纲通过真实项目情景模拟，帮助学生锻炼应变能力，提升他们应对复杂问题的能力。

独立工作能力是商科职业人格的一部分。CDIO 大纲鼓励学生参与项目和实践，提供独立工作的机会。在项目中，学生需要独立负责特定任务或决策，这可以培养他们的自主性和独立工作能力。

CDIO 大纲还强调了与他人合作和接受他人观点的特质。因为在电子商务领域，团队协作和沟通至关重要。通过团队项目和同学评价，学生会学会有效沟通、考虑和接受他人观点，以及积极参与团队工作。

平衡个人生活和工作是商科职业人格的一个重要方面。电子商务领域的工作可能具有高度竞争性和紧张性，因此学生需要学会平衡个人生活和工作。CDIO 大纲鼓励学生维持健康的生活方式，注重饮食和锻炼，以保持身心健康。同时，CDIO 大纲提供压力管理的方法，以帮助学生应对工作压力，并鼓励他们关注个人需求，以实现生活和工作的平衡。

三、技术知识

（一）电子商务专业核心基础知识

1. 网络应用基础

网络应用基础课程为学生提供必要的网络技术知识，主要包括网络基础知识、网络体系结构与协议、数据通信与通信网络基础等方面的内容，使学生学会理解网络的工作原理、掌握网络通信协议，以及分析和解决网络通信问题。局域网基础知识课程使学生熟悉局域网的基本概念和技术，包括局域网拓扑结构、网络设备配置和管理等，有助于学生在电子商务环境中建立和维护局域网，确保网络的高效运行。互联网应用基础课程强调学生对互联网技术的理解和应用，使学生学会如何创建和管理网站、设计用户友好的界面，以及使用互联网工具进行市场推广和在线销售。网络安全与网络管理课程培养学生在网络安全方面的技能。网络规划与设计课程帮助学生了解如何规划和设计复杂网络架构，以满足电子商务业务的需求，包括网络拓扑设计、带宽管理、负载均衡等方面的知识。学生能学会如何创建可扩展和可靠的网络基础设施，以支持电子商务业务的增长和发展。

2. 电子商务基础

电子商务基础是电子商务专业学生必备的核心知识，涵盖电子商务的基本概念、交易模式以及安全基础。在有关课程中，学生能学习电子商务的本质和运作方式，包括在线交易模式、支付系统，以及如何保障电子商务交易的安全性。这能为学生未来在电子商务领域的职业生涯提供坚实的基础，使他们能够更好地理解和应对电子商务行业的挑战和机遇。

3. 网络营销基础

网络营销基础课程涵盖众多关键领域，包括信息的收集和发布、电子邮件营销、搜索引擎营销、网络推广方法、网络客户关系管理，以及制定网络营销策划方案等内容。通过有关课程，学生将学会如何在网络中有效地与潜在客户互动、制定营销策略，以及运用各种工具和技术来推动业务增长。

4. 物流基础

在电子商务专业中，物流基础课程涵盖物流行业的基本术语、物流系统分析、不同的物流运输方式、配送管理、物流信息系统，以及供应链基础知识。这些知识将帮助学生了解如何高效地管理和协调产品的流动，从而确保产品按时送达给客户。物流在电子商务中起着关键作用，因为它直接影响着客户体验和业务的成功。

5. 商品基础

商品基础知识包括商品的分类知识、品类角色、评估及商品目标设定、品类策略以及品类战术等。了解商品的分类和不同品类的角色有助于学生更好地理解市场中的产品和竞争格局。同时，学习如何评估和设定商品的目标，以及如何制定品类策略和战术，将有助于学生在电子商务领域中有效地推广和销售产品。

6. 网络客户服务基础

网络客户服务基础包括现代客户服务的观念和意识、心理抗压解压方式方法、客户满意管理技巧、客户忠诚管理技巧、组建客户服务团队、客户服务软硬件使用，以及网络客户语言技巧。学生需要理解如何在网络环境中提供高效的客户服务，满足客户需求，并建立客户忠诚度。同时，他们还需要掌握应对不同情况和客户的技巧，以确保良好的客户体验。

7. 网上支付知识

学习网上支付知识能使学生掌握网上支付相关术语、了解电子支付和移动支付的原理、熟悉电子清算与结算过程，以及了解网络银行服务和第三方支付平台的运作方式。学生需要理解不同支付方式的特点和优势，以便在实际电子商务交易中选择适当的支付方式，确保交易的安全和高效。对网上支付知识的掌握，还有助于学生在电子商务领域中顺利进行支付和结算操作，为客户提供便捷的购物体验，同时为电子商务企业的经营和发展提供支持。

（二）相关学科知识

管理类基础知识对于电子商务专业的学生至关重要。CDIO 大纲通过设置相关课程，如管理学、组织管理、领导力培养等，使学生能够理解和运用管理学原理。学生将学会如何制订计划、构建组织、建立领导力，以及控制项目的时间、质量和成本。管理技能在电子商务项目的实施中很关键，优秀的管理技能有助于提高项目的成功率。

营销是电子商务领域的核心，涉及营销观念、市场分析、商机发掘、市场定位和广告实施等多个方面。CDIO 大纲通过设置相关课程，如营销管理、市场营销、广告与促销等，培养学生的营销技能。学生将学习如何分析市场环境、发现商机、确定目标市场、制定营销策略，以及设计广告和促销活动。

美学涉及美的欣赏、视觉艺术、色彩构成和平面设计等方面。CDIO 大纲通过设置相关课程，如美学欣赏、平面设计、色彩理论等，培养学生的美学感知和视觉艺术技能。学生将学会如何欣赏美、进行平面构图、理解色彩构成和视觉效果，以及拍摄数码照片的方法和技巧。掌握美学知识和技能有助于学生在电子商务项目中设计吸引人的网站和广告，提高用户体验。

经济类基础知识包括商品与商品经济、市场与市场经济、产权制度与企业制度、收入分配与社会保障制度等多个方面。CDIO 大纲通过设置相关课程，如经济学、市场营销学、金融学等，使学生能够理解市场经济的运作机制，掌握经济学原理，并了解政府在市场经济中的职能和作用。学生将学会如何分析经济数据、评估经济增长与发展、处理对外经济关系，以及应对国民经济核算和总量平衡的挑战。

商务礼仪类基础知识有助于学生在商业场合中建立良好的职业形象，包括礼仪与个人修养、职业形象等方面的内容。CDIO 大纲结合相关课程，如商务礼仪与沟通、职业形象塑造等，培养学生的商务礼仪技巧和职业形象管理能力。学生将学会如何在商务场合中与他人互动、保持职业形象、提高个人修养，以及有效地传达信息和建立人际关系。

办公自动化类基础知识对于电子商务专业学生的办公效率至关重要，包括办公自动化基础知识和 Office 组件相关知识。CDIO 大纲通过设置相关课程，如办公自动化技术与应用、Office 办公软件操作等，培养学生的办公自动化技能。学生将学会如何高效地使用办公软件、处理电子文档、进行数据分析和报告制作，以支持电子商务项目的顺利进行。

企业财务管理类基础知识包括会计基础知识、财务管理基础知识、税法及金融基本知识等方面的内容。CDIO 大纲通过设置会计学、财务管理、税法与金融等课程，培养学生的财务管理技能。学生将学会如何进行会计核算、分析财务报表，并掌握税法知识和企业财务规划与管理。

消费者行为分析基础知识涉及消费行为类型、消费者的基本心理现象、消费需要与动机、消费者的购买行为和购买决策等方面的内容。CDIO 大纲通过设置一系列相关课程，培养学生的消费者行为分析能力。学生将学会如何理解不同类型的消费行为、掌握消费者心理、识别消费动机，以及预测购买行为。

营销策划类基础知识包括市场调查策划、市场定位策划、产品策划、价格策划、销售渠道策划等方面的内容。CDIO 大纲通过设置相关课程，如市场营销策划、产品管理与策划等，培养学生的市场营销技能。这将使学生学会如何制订市场调查计划、定位目标市场、策划产品推广、制定价格策略，以及选择合适的销售渠道。

市场调查与分析类基础知识有市场调查技术的应用、市场调查的基本方式和方法、调查资料的整理分析、市场预测基本理论和方法等方面的内容。CDIO 大纲通过设置相关课程，着重培养学生的市场调查和分析能力，帮助学生学会如何设计调查问卷、收集和整理市场数据、进行市场趋势分析，以支持决策制定。

国际贸易类基础知识包括国际贸易基础术语、比较优势理论、赫克歇尔—俄林要素禀赋理论、现代自由贸易理论、贸易保护主义理论、国际贸易政策、关税措施、非关税壁垒、贸易条约和协定、国际经济一体化等方面的内容。CDIO 大纲通过设置相关课程，如国际贸易理论与实务、国际商务管理等，培养学生的国际贸易知识和技能，使其学会如何理解国际贸易的基本原理、分析国际市场机会、处理国际贸易政策和法规，以及推动国际业务合作。

四、管理者能力

（一）从业能力与态度

针对电子商务相关岗位的管理者路线，学生需要培养发现问题、表述问题、分析问题、制定解决方案的能力，主要包括外部环境和内部环境的问题识别与分析，以及有效实施解决方案的能力。经过系统的学习后，学生应能够评估外部环境的各个方面，包括政策法规、经济社会环境、竞争环境等，尤其是对电子商务行业的影响因素进行深入分析。同时，学生应能分析电子商务公司的内部环境，包括组织架构、工作流程、绩效评估等方面，以制定有效的管理和战略决策。学生应掌握盈亏平衡分析、敏感性分析、投资回收期分析、净现值分析、内部收益率分析等经济分析方法，以评估项目的经济可行性。学生应具备系统思维，能够确定问题的主次关系和重点因素，有助于全面解决问题。学生需要培养创造性思维，包括概念化和抽象化能力，以及创新意识等。学生应具备批判性思维，包括对自己和他人观点的评估，以及在艺术、科学、人文和技术等领域中进行批判性思考。学生应能够管理时间和资源，安排任务的主次，确定任务的重要性和紧迫性，以有效执行任务。学生应掌握商务礼仪，包括办公室礼仪、商务会议礼仪、商务宴请礼仪等，以展示职业举止。学生应保持对新技术和创新的敏感性，了解它们可能对电子商务产生的影响，以保持与世界发展同步。

（二）人际交往能力和团队协作能力

对电子商务相关岗位的管理者来说，人际交往能力和团队协作能力是非常关键的。在经过系统学习后，学生需要了解团队形成的步骤和生命周期，以便有效地组建团队。学生应具备对任务和团队工作过程的深刻理解，能够分清团队的作用与责任，分析每个成员的目标、需求和特征，以及讨论团队工作在保密、问责和主动性方面的基本规定。学生应能够选择目标和议程，实施计划，组织有效会议，执行团队基本规定，实施有效交流（聆听、合作、提供和接受信息），进行正面和有效的反馈，实现项目的规划、安排和执行，以及形成问题的解决方案，进行谈判并解决冲突。学生应具备领导技能，能够形成团队，能够管理不同类型团队的工作，如跨学科团队、小型团队，以及远距、分散、电子化环境下的工作。学生应具备良好的口头交流能力、书面表达能力、网络应用能力和英文沟通能力。

五、教学课程与基本要求

要培养专业的电子商务人才，需要根据上文提及的知识和能力要求，进行一系列的课程教学。现将一些主要的课程列举如下。

思想道德修养：培养学生的批判性思维、道德素质、道德决策能力等。

法律基础：培养学生的法律意识。

英语：培养学生的英文应用能力以及跨文化沟通能力。

计算机应用基础：培养学生的计算机基础知识和应用能力。

管理学基础：培养学生的管理学基础知识和管理素质。

经济学基础：培养学生的经济基础知识。

企业会计：培养学生的基础财会知识。

市场营销：培养学生的市场知识和创新意识。

国际贸易：培养学生的国际贸易知识。

电子商务基础：培养学生的电子商务基础知识。

网站设计与开发：培养学生的网站设计与开发能力。

数据分析：培养学生的数据分析能力。

电子商务安全技术：培养学生的电子商务安全技术知识。

管理信息系统：培养学生的管理信息系统设计和应用能力。

网络营销与策划：培养学生的网络营销与策划能力。

市场调查与分析：培养学生的市场调查与分析能力。

创业教育：培养学生的创业意识和能力。

商务礼仪：培养学生的礼仪知识和素养。

第二节　CDIO 理念对教学资源配置的特殊要求

为实现电子商务人才培养目标，学校应借鉴 CDIO 工程教育理念，结合商科教育特点，实现大纲与课程的紧密对接。而 CDIO 理念的落地成功依赖于资源的合理配置和适宜的教育环境。因此，资源和环境建设对于培养电子商务专业人才有着重要的影响。基于 CDIO 理念的电子商务专业人才培养对教学资源配置的特殊要求如下。

一、完全覆盖电子商务项目生命周期的教学项目

教学资源应当贴近实际商业运作，以确保学生在课堂内外都能够获得实际经验。教材和课程设置应当包含电子商务项目从规划、设计、开发、运营到维护和升级的全过程，课程内容则要涵盖市场调研、需求分析、网站规划、网页设计、客户服务、安全管理等各个环节，以使学生在学习过程中能够深入了解整个电子商务项目的运作。学生需要参与模拟项目、实际项目或实习，从而将理论知识应用到实际中。对此，学校应与行业、企业合作，提供实际项目机会，为学生提供实际经验，增强学生的实际操作能力；学校还需要适当配置现代化的信息技术设备和软件工具，以支持学生在项目开发和管理中的需求，包括计算机实验室、软件开发工具、网站搭建平台等硬件和软件资源。

二、模拟职业环境或真实的工作实际场所

电子商务专业的核心技能和知识往往是通过实践获得的。学生需要在真实或模拟的工作场景中学习并积累经验，才能够在毕业后胜任相关工作。模拟职业环境的工作实践能有效培养学生的实际操作能力，这主要可以通过建立虚拟商业环境来实现，包括模拟电子商务平台、模拟在线交易系统等。学生可以在模拟环境中进行实际操作，从而熟悉电子商务的各个方面，如网站

设计、订单处理、客户服务等。模拟练习有助于学生在没有真实客户和交易的情况下积累经验，提高其操作技能。除此之外，真实的工作实践也是非常重要的，学生需要有机会参与实际的电子商务项目，与真实客户互动，并解决实际问题。这一目标可以通过学校与行业、企业合作或校内项目来实现。学生参与真实项目时，可以学习如何与客户沟通、如何满足客户需求、如何解决实际挑战等，此种实际经验能够全面培养学生的实际工作能力和解决问题的能力。工作实践场所还应当提供良好的学习氛围和支持，包括师资力量的支持、先进的技术设备和软件工具，以及与行业专业人士的交流机会。这些资源可以帮助学生更好地融入职业环境，获取更多的实践经验，从而提高其职业素养和综合能力。

三、指导学生教学实践的优秀师资

基于 CDIO 理念的电子商务教学对教学资源配置提出了特殊的要求，其中之一是需要具备指导学生教学实践的优秀师资，即师资可以确保学生不仅能够获得丰富的理论知识，还能够掌握实际操作技能，以胜任未来电子商务领域的工作。电子商务领域的实践操作是多样化的，包括网站设计、电子支付、客户服务等多个方面。因此，教师需要具备广泛的实际经验和技能，进而有效地指导学生。只有拥有足够的实际操作知识和经验的教师才能够为学生提供高质量的指导和培训，帮助学生更好地掌握电子商务领域的多项技能。电子商务行业的发展非常快速，新技术和新方法不断涌现。教师需要保持与行业的紧密联系，不断更新自己的知识和技能，以便将最新的实践经验传授给学生。而只有教师紧跟行业发展，才能够使学生在毕业后胜任竞争激烈的电子商务职场，满足市场需求。电子商务领域的实际操作要求学生具备解决问题的能力和创新思维，这就需要教师具备激发学生创造性思维和解决问题的能力，引导学生在实践中不断探索和创新。只有如此，教师才能够培养出具备综合素质和创新能力的电子商务专业人才。

四、提供能够短期内完成的、难度较低的真实项目，锻炼学生创业能力

在电子商务领域，创业能力是非常重要的。学生需要具备创业的勇气和实际操作技能，才能在未来的职业生涯中获得成功。为了培养这种创业精神，学校需要提供一些具体的、实际的项目，让学生在课堂中进行实践操作，了解创业的过程和挑战。这些项目应该是短期内可以完成的，以确保学生在有限的时间内能够获得实际经验。项目的难度应较低，这是为了降低学生的压力，让他们能够逐步掌握创业的基本技能。项目可以涵盖电子商务领域的各个方面，例如网站设计、市场调研、商业计划制订等，从而帮助学生建立起综合的创业能力。此外，项目应该是真实的、与实际商业环境紧密相关的，这样学生可以在项目中与行业、企业合作，了解实际的商业运作方式。这有助于学生将理论知识应用到实践中，还有助于建立学生与行业、企业之间的联系，为未来的就业和创业提供机会。

参考文献

[1] 克劳雷，等.重新认识工程教育：国际CDIO培养模式与方法 [M].顾佩华，沈民奋，路小华，译．北京：高等教育出版社，2009.

[2] 王鑫，王华新.CDIO重塑高职电子商务专业教学 [M].北京：北京理工大学出版社，2012.

[3] 陈柔.CDIO在高职教育教学改革中的探索与实践 [M].北京：化学工业出版社，2020.

[4] 王鑫，王华新.基于CDIO-OBE的高职电子商务专业人才培养自循环系统研究 [M].北京：高等教育出版社，2018.

[5] 余建军.基于CDIO工程教育模式的高职教育教学改革研究 [M].杭州：浙江工商大学出版社，2017.

[6] 刘宇.大数据背景下基于CDIO理念的电子商务平台数据分析实践教学体系探索 [J].大学，2023（14）：110-113.

[7] 王琥.基于CDIO理念的学校创新创业教育模式研究 [J].科学咨询（科技·管理），2022（8）：142-144.

[8] 郭彦，郑梦臻.互联网+CDIO下新型本科电子商务实践教学体系构建 [J].福建商学院学报，2022（3）：76-82.

[9] 胡艳.电子商务专业开放式实践教学的设计与应用 [J].辽宁高职学报，2021，23（11）：76-80.

[10] 张颖敏.基于CDIO电子商务课程项目化教学改革探索 [J].哈尔滨职业技术学院学报，2021（6）：38-41.

[11] 杨婧.基于双创＋CDIO理念的电子商务课程教学设计研究[J].吉林农业科技学院学报，2021，30（5）：89-91.

[12] 黎传熙.CDIO项目驱动教学模式下的人才培养研究：以应用型本科学校经管专业为研究对象[J].对外经贸，2021（7）：127-130.

[13] 严小燕，郭珊珊，邬艳艳.旅游电子商务课程教学改革路径探索：基于CDIO理念[J].山西财经大学学报，2020，42（增刊2）：129-132.

[14] 周海花，尹楠，顾颖菁.CDIO-OBE视角下的电子商务专业人才培养方案的探讨[J].电子商务，2020（5）：77-78.

[15] 谢怡文.电子商务专业信息技术课程群实践体系构建研究[J].电脑知识与技术，2019，15（25）：108-110.

[16] 李瑞新，刘慧，李红.基于OBE-CDIO的电子商务运营实践项目混合式教学研究：以MCN模式下海鲜电商项目的运营为例[J].国际公关，2019（8）：30-31.

[17] 吴有权.基于CDIO理念的高职电子商务专业人才培养模式研究[J].中国多媒体与网络教学学报（中旬刊），2019（8）：90-91.

[18] 王保敏，王睿.OBE-CDIO理念在高职院校实训课程改革中的实践[J].安徽商贸职业技术学院学报（社会科学版），2019，18（2）：78-80.

[19] 李秋月，万海霞.CDIO理念下高职院校电子商务专业人才培养体系构建探索[J].产业与科技论坛，2019，18（9）：261-262.

[20] 苏云，杨璞开.基于MOOC、SPOC、CDIO教育模式的市场营销专业课程改革研究[J].高等理科教育，2019（2）：113-119，87.

[21] 陆剑锋.基于CDIO的计算机专业项目化课程体系建设研究[J].泰州职业技术学院学报，2019，19（1）：15-17.

[22] 张磊，王辉，冯文龙，等.EC-CDIO电子商务人才培养模式的构建[J].高等工程教育研究，2019（1）：196-200.

[23] 潘益婷，潘修强，钱冬云，等.CDIO理念下的软件技术专业产教融合人才培养模式探索与实践[J].软件工程，2019，22（1）：60-62.

[24] 魏秋霞.高职电子商务专业人才培养模式探赜[J].成才之路，2018（33）：8-9.

[25] 唐红涛，罗琼，张俊英.基于CDIO的独立学院电子商务实践教学特色研究[J].电子商务，2018（4）：52-54.

[26] 张银丽，吕延庆 . 基于 CDIO 理念的电子商务专业实践教学体系建设 [J]. 洛阳师范学院学报，2017，36（10）：85–87，97.

[27] 杨从亚 . 基于 CDIO 的校企协同模式构建研究 [J]. 哈尔滨职业技术学院学报，2017（5）：4–6.

[28] 柳思维，王剑程 . 应用型本科学校电子商务专业 CDIO "六位一体" 实践教学体系探析 [J]. 电子商务，2017（7）：82–83.

[29] 赵爱武，关洪军 . 电子商务专业课程群立体化实践教学体系改革与实践 [J]. 西北成人教育学院学报，2016（6）：36–40.

[30] 钟京，贺忠，徐承亮，等 . 基于 CDIO 理念高职电子商务课程体系架构的设计 [J]. 现代职业教育，2016（30）：111.

[31] 徐彬，周传爱，黄艳 . 基于 UCC–CDIO 模式的电子商务专业课程改革 [J]. 现代商贸工业，2016，37（28）：158–159.

[32] 孙伟 . 基于 CDIO 工程教育的高职电子商务专业课程体系的构建 [J]. 知识经济，2016（19）：110–111.

[33] 吕成戌 . 财经院校电子商务解决方案课程的教学改革与实践 [J]. 教书育人（高教论坛），2016（21）：85–86.

[34] 王晓姝 . 基于 CDIO 模式的高职软件技术专业能力训练 [J]. 中国市场，2016（6）：113，115.

[35] 姚远 . 电子商务专业教学方法初探 [J]. 中外企业家，2015（29）：193.

[36] 李琴，刘迷 . CDIO 理念在电子商务实践教学中的应用探讨 [J]. 现代经济信息，2015（19）：366–367.

[37] 刘迷，李琴，陈萍 . 基于 CDIO 的电子商务专业创新实验平台建设 [J]. 现代经济信息，2015（19）：392–393.

[38] 杨海娟 . CDIO 教育模式在电子商务实践教学中的应用 [J]. 无线互联科技，2015（13）：109–110.

[39] 吕惠芳 . CDIO 工程模式的实施要素分析 [J]. 价值工程，2014，33（31）：285–287.

[40] 楼小明 . CDIO 背景下电子商务专业创新人才培养探索 [J]. 科技展望，2014（16）：183–184.

[41] 黄睿 . 以 CDIO 模式再造高职电子商务专业实践教学体系 [J]. 企业导报，2014
（14）：166，168.

[42] 潘炜，史豪斌 . 面向电子商务技术型人才培养的创新实训模式 [J]. 计算机教育，
2014（12）：17-20，35.

[43] 庞秀平，赵宇，杨秀会 . 基于 CDIO 理念创新电子商务专业的实践教学模式 [J].
大学教育，2014（5）：98-100.

[44] 潘果，欧阳红，巍曾明 . 复合型电子商务人才培养探索与实践 [J]. 中南林业科
技大学学报（社会科学版），2013，7（5）：197-199.

[45] 刘迷 . CDIO 教育模式下电子商务专业实践教学的改革对策 [J]. 佳木斯教育学院
学报，2013（9）：202，208.

[46] 刘佳 . CDIO 模式下的电子商务人才培养体系建设 [J]. 教育教学论坛，2013（29）：
41-42.

[47] 熊晓元 . CDIO 模式与电子商务实践教学创新体系建设 [J]. 中国校外教育，2009
（9）：74，47.

[48] 唐红涛，罗琼，张俊英 . 工程模式下电子商务专业实践教学体系的探讨 [J]. 中
国国际财经（中英文），2017（23）：171-172.

[49] 张青 . CDIO 教育理念在高职旅游电子商务课程中的应用 [J]. 课程教育研究，
2017（5）：254.

[50] 吕成成 . 财经院校电子商务专业 CDIO 多层级探究式教学方法研究 [J]. 中国管
理信息化，2016，19（13）：245-246.

[51] 余彦妮 . 基于 CDIO 下中职计算机应用专业课程体系的建构研究 [D]. 石家庄：
河北师范大学，2021.

[52] 王改霞 . CDIO 理念在高职院校《计算机应用基础》课程教学中的应用研究 [D].
西安：陕西师范大学，2013.